Ulrich Holbein

Heilige Närrinnen

Ulrich Holbein

Heilige Närrinnen

22+4 Lebensbilder

marixverlag

Bibliografische Information der Deutschen Nationalbibliothek
Die Deutsche Nationalbibliothek verzeichnet diese Publikation in der Deutschen Nationalbibliografie; detaillierte bibliografische Daten sind im Internet über
http://dnb.d-nb.de abrufbar.

Lektorat: Dietmar Urmes, Bottrop
Covergestaltung: Nicole Ehlers, marixverlag GmbH
Bildnachweis: Heilige Närrinnen, Montage von Ulrich Holbein
Gesetzt in der ShinnLight
Satz, Bearbeitung und Gesamtherstellung:
Bercker Graphischer Betrieb GmbH & Co.KG, Kevelaer
Printed in Germany

ISBN: 978-3-86539-276-3

www.marixverlag.de

Was unterscheidet Narren und Närrinnen?

Es soll viele Frauen und Männer geben, die der Ansicht sind, daß Frauen und Männer sich sehr unterscheiden würden – was viele Frauen und Männer wiederum mehr oder minder heftig bestreiten. Wenn Frauen a priori keine Kinder kriegen könnten, wären sie vermutlich genauso hochgenial und borniert wie Männer.

Die Emanzipationsfalle brachte es mit sich, daß Frauen sich nicht länger mit den klassischen Berufsbildern von Amazonen, Marketenderinnen, kaisertreuen Wehrmachtshelferinnen und Pazifistinnen begnügen müssen, sondern – die Bundeswehr verschlingt und entlohnt seit 2001 auch einsatzbereite Soldatinnen und hinkt damit auch wieder der unsympathischen Männerwelt zeitlich hinterher; denn Mannsbilder dürfen bereits seit 1985 sich zu Hebammen ausbilden lassen. In den Niederlanden praktizieren immerhin über fünfzig Entbindungspfleger – so nennen sich die männlichen Hebammen –, in Belgien zehn, in Österreich null und in der BRD – bloß ein einziger, summa summarum ein bißchen wenig im Direktvergleich mit den 17000 Soldatinnen, die zur Zeit in der Bundeswehr tätig sind, davon die Hälfte im Sanitätsdienst, in summa aber auch bloß 8,8 Prozent des gesamten Bundeswehrsoldatenaufkommens. Zudem hinkt die bewaffnete BRD wiederum dem ganzen Globus hinterher; denn seit langem besteht in Bolivien, Birma, China, Elfenbeinküste, Eritrea, Israel, Kuweit, Libyen, Malaysia, Nordkorea, Sudan, Taiwan und im Tschad eine gesetzliche Wehrpflicht für Frauen!

Die statistische Relation zwischen Soldat und Soldatin erinnert wider Willen recht aufdringlich an die Relation zwischen Verbrecher und Verbrecherin – auf elf männliche Kriminelle kommt bloß eine einzige einsame Straftäterin. Männer sind peinlicherweise die elfmal schlechteren Menschen, asozial, bedrohlich, aggressiv, einfach nur Arschlöcher, und die in toto uneffektive Frauenemanzipation kanns als Fernziel allenfalls hinbekommen, daß Frauen bloß neunmal weniger juristisch auffällig werden als Männer, statt elfmal. Das bezieht sich nicht nur auf die Tätigkeitsfelder Totschlag und Mord; selbst noch beim simplen Ladendiebstahl stehlen Männer den kleptomanischen Hausfrauen die Show. Frauen sind auch weniger schwer zum Vegetarismus zu verführen; doppelt so viele Vegetarierinnen wie Vegetarier konnten erzielt werden. Da hilfts auch nichts, wenn männliche NS-Forscher gern behaupten, daß KZ-Kommandantinnen genauso schlimm herrschten wie ihre männlichen Kollegen, ja punktuell noch unerweichlicher und härter. Im politischen Sektor hingegen bringen es Frauen allenfalls zur Eisernen Lady, nicht aber zur Diktatorin oder Tyrannin.

Im breiten milliardenköpfigen Alltagsleben fallen solche Weiber eher als Klatsch- und Nörgeltanten, Nervensägen, Stachelmimosen, Giftzicken auf, als archetypische Xanthippen, auf der Kompensationsfolie ähnlich unleidlicher Ehetrottel, Pantoffelhelden und Saftsäcke in Küchenschürze, ein insgesamter Sozialtypus von einer derart mainstreambildenden Häufigkeit, daß sich daraus nur in Maßen Charaktertypen rekrutieren dürften, die als heilige oder unheilige Närrinnen positiv auffällig werden könnten.

Klassischerweise solls sehr wenige Naturwissenschaftlerinnen geben, aber wer »Mathematikerinnen« googelt, bekommt hundertweise Differenzialgeometrikerinnen und Algorithmentheoretikerinnen hingeschüttet, z.B. Sylvia Frühwirt-Schnatter, eine Statistikprofessorin in Linz. Zwar solls auch plastikbebrillte Nerds weiblichen Geschlechts geben, von grottenolmbleicher Gesichtsfarbe, doch solange weniger Informatikstudentinnen sich einschreiben als Germanistikstudentinnen, braucht die Kulturmenschheit die Hoffnung nicht aufzugeben. Männer lesen nun mal, falls sie lesen, ausschließlich Computerzeitschriften und Sachbücher; Frauen hingegen lesen lieber Romane, in denen Frauen und Männer miteinander dialogisieren.

Sodann gibt's seit alters einen berühmten Berufszweig, hochpopulär, kulturgeschichtlich sehr bedeutsam, oft in Bild und Wort dargestellt; heut nennt man's Nerdismus, Introvertiertheit, Autismus, Kontaktunfähigkeit, Cocooning; in alten Zeiten hieß es Eremitentum. So archaisch und wichtig wie Schafhirt und Nachtwächter erschien der Einsiedler, doch keiner kannte einen und keiner hielt es dauerhaft als Einsiedler aus, und schon gar nicht als Einsiedlerin. Im 18. Jahrhundert hießen sie Schmuck- und Ziereremiten, die sich ein Herzog zwecks Gaudium anschaffte; er stellte ihnen gratis ein Baumhaus zur Verfügung, Kandidaten standen Schlange, doch jeder kehrte bereits nach zwölf oder vierundzwanzig Stunden ins lebenswichtige Getümmel und närrische Treiben zurück. Bei Einsiedlern, die auf zwischenmenschliche Dialoge verzichteten, erhöhten sich sofort innere Stimmen und dämonische Kontakte. Waldklausner im Mittelalter rekrutierten sich – statt aus romantischen Spitzwegfiguren in Mönchskutte, die mit Rehen und Vögeln redeten – aus Deserteuren, Verbannten, Verbrechern. Eremitinnen blieben über zehnmal seltener als Eremiten, erstens, weil

Mörderinnen sowieso über elfmal seltener zu Buche schlugen, und zweitens: weil Frauen durchschnittlich kontakt- und kicherfreudiger, auch sprachlich gewandter und schneller sind als ihre dumpfen Kollegen. Als plus/minus einzige berühmte Ausnahme fällt Genoveva von Brabant auf, die sechs Jahre im Wald lebte und sich begnügte, ein Milchkind und eine Hirschkuh bei sich zu haben, gemalt vom romantischen Ludwig Richter.

Verrückte Nudeln konnten mit Labilitäten und Wahnideen genauso oft aufwarten wie männliche Kollegen im närrischen Gewerbe – Größenwahn vielleicht abgerechnet. Aber spätestens ab der ersten Niederkunft sah sich

Die heilige Genoveva von Brabant – eine der seltenen Einsiedlerinnen.

jede Närrin veranlaßt, auf Normalität einzuschwenken und eine gewisse grundlegende Hygiene walten zu lassen. Nicht jeder Bube hielt sein Stübchen und sich so rein wie fast jede verliebte Magd. Narren fielen oft durch Verlotterung und Verwilderung lästig und koinzidierten hierbei mit praktisch fast jedem Eigenbrötler und Hagestolz, – Single Naßzelle – während jede psychisch halbwegs zurechnungsfähige Frau und Dame, selbst bei Aufgekratztheit und histrionischer Exaltiertheit ein gewisses humanes Minimum an Pflegeinstinkt aufrechterhält, und schon dünnt die Spezies heiliger Närrinnen durchaus imposant zu Buche schlagend aus. Um ungewaschen und unfrisiert herumzulaufen, als Narren Christi, und hierbei möglichst hirnrissige Theoreme auszuspenden, gehört auch Mut und Kontrollverlust, dem empfindsame Seelen sich weniger unbedenklich hingaben und hinschmissen. Ausnahme: Sektiererinnen à la Eva von Buttlar oder auch Halbweltdamen. Wo aber wäre ein weibliches oder gar feminines Wesen anzutreffen, das so hemmungslos und schamlos wie der Kabarettist Wolfgang Neuss einfach in der Öffentlichkeit seine dritten Zähne rausnähme und grinsend vorzeigte!? Vagabundinnen, Stadtstreicherinnen und Tippelschwestern – kraft geringerer Wehrhaftigkeit und größerer Angst vor Ungeschütztheit – blieben also statistisch überall recht selten. Falsche Bescheidenheit senkte Närrinnenquoten.

Narzißten dürften in Snobkreisen und Dandygesellschaften ungeheuer oft bis regelmäßig ihr angestammtes Parkett finden, genau wie Schauspielerinnen, Diven und Grand Old Ladies, doch rekrutiert sich eine erhebliche Anzahl unheiliger und heiliger Narren aus Persönlichkeiten ohne jede Gefallsucht. Gewisse männliche Typen wollen nicht gefallen, sondern einfach nur auffallen, egal wie, am besten durch Tabubrecherei, und wie die Hemmschwelle bei Mördern und fiesen Typen schwächer ausgebildet erscheint als bei guten Frauen und guten Ehefrauen, so sinken ebendiese nicht so leicht zu asozialen Urviechern und Bestien herab. Naturgemäß blieben unter den humaneren Menschen in Frauengestalt solche Mutanten wie Pessimisten, finstere Gesellen, miese und fiese Typen angenehm selten. Blutsäuferinnen wie Blutsäufer Idi Amin hats praktisch nicht gegeben, und wenn Raucherinnen, Chefinnen und Soldatinnen nachziehen und bessere Quoten einfahren, bleibt dennoch wünschenswert, daß sie trotzdem im Fachbereich Inhumanismus nur zögernd aufholen.

Obwohl Frauen doppelt so viel lachen wie Männer, also ihrem Immunsystem doppelt so viele Kicks zuführen und also in summa fünf, sechs

Jahre länger leben, behaupten männliche Zungen recht gern, daß Frauen im Zweifelsfall weniger Humor haben als männlich strukturierte Humorinhaber.

Seltsam, daß katholische Frauen nicht Priesterinnen, wohl aber selig- und heiliggesprochen werden dürfen! Indirekt wird ihnen damit ein gewisses Quantum seelischer Durchgeknalltheit zugestanden, nicht aber die

Menschen sind komische Leute, zum Beispiel Frauen.

Erfüllung in einem seriösen Berufsstand. Verrückte Nonnen liefen im Mittelalter den verrückten Mönchen schier den Rang ab – es kam zu einer herzrührenden, herzerhebenden, auch herzbeklemmenden Mystikerinnenschwemme. Daß auch in hochindustrialisierten Zeiten bei Hysterie- und Borderlineerkrankungen viel mehr Frauen als Männer befallen werden, muß mit den gotisch verzückten Gottesbräuten und Visionärinnen nicht auf Teufel komm raus im Zusammenhang gesehen werden.

Frauen, die in Gambia dauerhaft kinderlos bleiben, bilden eine eigene Sparte und Gesellschaftsschicht, dürfen die üblichen Höflichkeiten und Regeln umgehn, kleiden sich überbunt, tragen sich in kollektiver Närrinnenfreiheit extrem offen, dürfen jeden vorbeilaufenden, erschrocken zusammenzuckenden Mann bedrängen und anfassen – ganzjähriger Karneval, eine wunderbar ansteckende Krankheit.

Bilanz oder Zwischenbilanz: Daß Männer statistisch in toto zehnmal aggressiver und krimineller sind als Frauen, spricht ewig gegen Männer; immerhin gibt es nicht zehnmal weniger Närrinnen, sondern bloß halb so viel.

Hundegattin, vernarrt in einen Quasimodo

Hipparchia von Maroneia – Kynikerin, Philosophin, Emanze (um 300 v.Chr.)

Sie stammte aus vornehmen Kreisen in Maroneia. Bald drängten allerlei Freier herbei, sogar recht ansehnliche und wohlhabende: Sie aber guckte gar nicht genauer hin und wies allesamt schroff ab. Sie hatte nämlich einzig nur Augen für den Lehrer ihres Bruders Metrokles, den optisch und finanziell vergleichsweise nicht sehr günstig herauskommenden, sprich: buckligen Kyniker Krates von Theben. An den dachte sie ständig nur, an seine weisen Lehren und seine absichtlich ärmliche Lebensweise, und drohte ihren Eltern mit Selbstentleibung, wenn sie den Krates nicht zum Mann bekäme. Ihre Eltern sahen ihr unsinniges Ansinnen nicht so gern und forderten Krates auf, ihr den Unsinn auszureden. Krates gab sich erdenklichste Mühe; sie aber wurde nicht wankend und wollte nur ihn, ließ sich auch dadurch nicht abschrecken, daß er sein Gewand abwarf und seine entblößten leiblichen Mängel abschreckend deutlich hervorspringen ließ. Hipparchia meinte, sie könne keinen schöneren und reicheren Mann finden als ihn, legte sofort die gleiche ärmliche Kleidung an wie er und gab sich ihm am hellichten Tag und unter freiem Himmel hin, ohne Rücksicht auf zufällig herumstehende Leute. Krates' Schüler Zenon warf wenigstens einen Mantel über die Kopulierenden. Dieses Ehepaar führte nun eine Hundeehe – ein Sonderfall; denn viele Kyniker lehnten Ehe heftig ab. Mangels festem Wohnsitz zogen sie ab sofort unzertrennlich herum und verbrachten ihre Tage und Nächte meist in den öffentlichen Säulenhallen von Athen. Auf einem Gastmahl beim Lysimachos lüpfte der Gottesleugner Theodoros den Umhang der Hipparchia; sie aber kreischte gar nicht nach Weiberart hysterisch auf. Und als Theodoros fragte: »Aha, das also ist sie, die vom Weberschiffchen sich entfernt hat?«, parierte sie: »Ich bin's, Theodoros, meinst du wirklich, ich hätte was falsch gemacht, als ich die Zeit, die ich am Webstuhl gesessen hätte, für Geistesbildung verwendet hab?« Also ein frühes Hippiemädchen, unbekümmert nach der Maxime handelnd: »Why don't we do it in the road?« Unbekümmerter Pleinair-Beischlaf wurde von Sextus Empiricus verteidigt, mit Hinweis auf einige Völker Hindustans, wo dergleichen nicht als unanständig gelte. Der freien Verbindung entsprang ein Sohn namens Pasikles.

Auf hundert Vorsokratiker bzw. Kyniker kam nur eine Kynikerin.

Hipparchia wurde als »ein zweiter Krates« gerühmt. Diogenes Laertius berichtete fünfhundert Jahre später, es gäbe noch viele Aussprüche dieser Philosophin, nannte aber keine weiteren Beispiele. Diesen Übelstand versuchte Christoph Martin Wieland 1804 auszugleichen in seinem Briefroman »Krates und Hipparchia«, wo sie genauer zu Wort kam.

Worte von Hipparchia: Was Theodoros tut, ohne dafür eines Unrechts geziehen zu werden, das kann auch Hipparchia tun, ohne eines Unrechts geziehen zu werden. Wenn Theodoros kein Unrecht tut, sich selbst zu schlagen, dann tut auch Hipparchia nicht Unrecht, wenn sie den Theodoros schlägt.

Hipparchia von Maroneia

Andere über Hipparchia: Wenigstens ist die einzige Verbindung, von der wir in diesem Kreise genauere Kenntnis haben, jene zwischen Krates und der selbst das Kynikerkleid und die Kynikersitte nicht verschmähenden Hipparchia, offenbar ein echter und ein mehr als flüchtiger Liebesbund gewesen. (*Theodor Gomperz, 1893/1922*) – Der Christ Theodoret stellt es so dar, als habe Krates, von Leidenschaft überwältigt, gegen seine eigenen »großartigen Prinzipien« gehandelt; aber eigentlich wollte er Hipparchia von ihrer Leidenschaft heilen, indem er ihr seinen Buckel zeigte. (*Georg Luck, 1997*)

Mit Fackel und Wassereimer gegen Hölle und Paradies

Rabi'a al-Adawiya – Sklavin, Mystikerin, Vegetarierin
(752 oder 801 n.Chr.)

Sie kam aus einem Slum in Basra, einer von Arabern, Mawalis (nichtarabischen Muselmanen), Griechen und Persern wimmelnden Vielvölker-Metropole. Ihr asketischer Vater wartete nach drei Töchtern dringend auf einen Sohn und nannte sie resignierend: »Die Vierte«. Sie ahmte ihn nach, nahm bei Essensreichung nur kleine Bröckchen und nie Nachschlag. Dann frühverwaist, wurde sie verkauft für sechs Silberlinge. Als ihr Herr an ihr eine Besonderheit erkannte, ließ er sie frei. Ein Dieb, der ihr nachts den Tschador (andere Übersetzung: das Hemd) stehlen wollte, fand die Tür nach draußen nur dann wieder, sobald er das Diebsgut daließ – schöne Legende. Aber daß sie, als sie nach einer Pilgerreise unter erschwerten Bedingungen, zu Fuß und zu Knie, nämlich bäuchlings durch x (unverminte) Wüsten robbend, nach sieben Jahren in Mekka ankam, ausgerechnet am Tag ihrer Ankunft ihre Tage hatte und als Unreine nicht zur Ka'aba vorgelassen wurde, klang unerfunden, sehr lebenstypisch. Eine andere Rabi'a-Geschichte setzte sich aus zwei Hälften zusammen, einer empirischen und einer unglaubhaften: Als ihr auf der Wallfahrt der Esel verendete, hob sie das Gesicht zum Himmel und rief glaubwürdigerweise: »O Allah, behandeln wohl die Könige so eine hilflose, schwache Frau? Du hast mich zu Deinem Haus gerufen und dann auf halbem Weg meinen Esel umgebracht und läßt mich allein in der Wüste stehn?« Sie hatte noch nicht ausgeredet, als unglaubwürdigerweise der Esel munter und quick aufsprang – Scheintod, Lehrstück, Heiligenwunder? Wozu aber ließ Allah den Esel sterben, wenn er dann doch weiterlief? Doch wohl nicht, um Vorwürfe von einer verlassenen, schwachen Frau zu bekommen?

Als man ihr vorschlug, sie solle doch mit den Männern ihres Stammes reden, damit sie ihr eine Haushaltshilfe (d.h. einen Sklaven) kaufen möchten, erwiderte sie erschrocken: »Bei Allah! ich schäme mich, den um das Diesseits zu bitten, dem das Diesseits gehört. Wie könnte ich da einen um es bitten, dem es nicht gehört.« Als ihre Dienerin (die sie zeitweise dann doch hatte) die Nachbarn nach fehlenden Zwiebeln fragen wollte, für ein Zwiebelgericht, erklärte Rabi'a, sie habe vor vierzig Jahren geschworen, nie jemanden um etwas zu bitten außer Allah und fügte hinzu: »Vergiß die Zwiebeln.« Da fiel etwas von oben exakt in die Pfanne – ein Vogel ließ Zwiebeln fallen. Rabi'a zögerte: »Ich bin mir nicht sicher, ob das nicht nur ein Trick ist«, und ließ das Zwiebelessen stehn, aß nur Brot und sagte: »Mein Herr ist kein Zwiebelhändler.«

Mehr als einen Heiratsantrag schlug sie aus, sogar den von Hasan aus Basra; nach dem Grund befragt, erklärte sie: »Eheverträge beziehen sich auf Wudschud (Seiendes). Bei mir aber hat sich Wudschud hinweggehoben; ich bin nur noch in Ihm. Um eine Braut muß man bei Ihm werben, nicht bei mir.«

Während in jeden kaum aufgetauchten Monotheismus bald wieder Artenvielfalt sich einschlich, durch alle Hintertürchen und Hauptportale, polytheistisches Getümmel aus Erzengeln, Engeln, Heiligen, Gottesmüttern, Sakramenten, Päpsten, ging Rabi'a in der sanften Verstrengerung sufischen Kreisens um Gott pionierhaft voran. Als sie darniederlag und man fragte, warum sie krank sei, erwiderte sie: »Ich hab an die Ergötzungen des Paradieses gedacht, deshalb hat mein Herr mich gezüchtigt.« Überhaupt: Erlebte sie Unangenehmes, freute sie sich: »Heut hat Allah an mich gedacht!« Sobald nichts oder wenig Schlimmes sie heimsuchte, weinte sie und sprach: »Was hab ich falsch gemacht, daß Allah nicht an mich denkt!?!« Hier konnten im Rückblick ähnlich asketisch-masochistische Anklänge hineingelesen werden wie in Ibrahim Adhams überschwenglichen Dank für einen schmerzhaften Treppensturz. Befragt, warum sie immer weine und leide, sagte sie: »Mein Leid liegt in meinem Herzen, und alle Ärzte sind unfähig es zu heilen. Das einzige Mittel wäre meine Vereinigung mit meinem geliebten Herrn.« Als umgekehrt sie einen Mann ausrufen hörte: »O Traurigkeit!«, sagte sie zu ihm: »Wärst du tatsächlich traurig, könntest du nicht Luft holen.« In ihren Gebeten rief sie: »O Allah! läßt Du ein Herz, das Dich liebt, im Höllenfeuer schmoren?« Da hörte sie eine Stimme: »So handeln Wir nicht! Denke nicht schlecht von Uns!« Diese Stimme sagte ihr auch mal: »Sei nicht bekümmert, morgen wird ein Rang dir zuteil werden, so hoch, daß die Engel dich darum beneiden werden!«

Sie lief durch (das damals zwar nicht unzerstörbare, aber noch gänzlich unzerbombbare) Basra, mit Wassereimer und Fackel, um sowohl Hölle wie Paradies zu löschen und anzuzünden, auf daß diese beiden nicht länger von Allah ablenken mögen. Sie wollte sogar die Ka'aba abbrennen. Weder Diesseits noch Jenseits sollte ihr bei ihrer Gottesliebe in die Quere kommen. Umgeben vom düsteren Asketismus damaliger Derwische und Scheiche, ließ sie Liebesüberschwang aufblühen (parallel zur europäischen »Gottesminne«). Aber Natur bezog sie nicht ein: Im Frühling weigerte sie sich sogar höchst unweiblich, beim Anblick von Blumen Freude zu empfinden, und dies mitten in der Wüste, mit der Begründung: »Wenn ich den Schöpfer hab, was geht mich dann Seine Schöpfung an?«

Muhammad erschien ihr im Traum und drang in sie: »Liebst du mich?« (Wörtlich dieselbe Frage, die tausend Jahre später Jesus an Oskar Matzerath stellte.) Sie erwiderte: »O Gesandter Allahs, wen gibt es, der Dich nicht lieb hätte! Aber mich hat die Liebe zu Allah so vollständig erfaßt, daß für Liebe zu einem anderen kein Platz mehr bleibt.« Unfaßbar, aber sie brachte keine Liebe für den Propheten und keine Feindseligkeit gegen Iblis (den Teufel) auf, als wär sie Buddhistin; andererseits schien solch monomanische Übertreibung spätere fixe Ideen und Obsessionen wie Amerikahaß oder Waffenfetischismus zu präludieren, richtete immerhin keinerlei Kollateralschäden an. Haditwissenschaft lehnte sie ab, als weltliches Tun. Im Gebet stieß sie sich ein Stück Rohr der Gebetsmatte ins Auge – und merkte es nicht.

Sobald Rabi'a ins Gebirge stieg, scharten sich alldort Gazellen, Bergziegen, Wildesel und Steinböcke um sie, beäugten sie, zeigten sich vertraut – obwohl sie sie nicht fütterte! –, wie vorher um Madschnun und Orpheus. Hasan aus Basra fühlte sich unglücklich, weil die Tiere bei ihm fortliefen – obwohl er sie fütterte! Rabi'a fand sofort den Grund heraus: Hasan hatte kurz vorher Zwiebelschmalz gegessen. »Du ißt ihr Fett – wie sollten sie nicht fliehen?« So feinfühlig, sanftäugig und vegetarisch benahmen sich einzelne Seelen im frühen, als grobkörnig und rauh verschrienen Sandsturm-Islam, so franziskanisch wie später dann jene tierlieben Mönche, die Vögeln und Fischen predigten und Schweine mit in den Himmel nahmen. Wie der heilige Franz um Gnade für die Bratlinge der Hölle betete, so stand bereits Rabi'a moralisch über Gott, indem sie ihm vorwarf: »O Allah, hattest du keine andere Strafe und Zurechtweisung als das Höllenfeuer?« Die früheste Pionierin jeder Tierschutzbewegung – zu gut für diese sowohl wie die andere Welt?

Eine intellektuelle Koryphäe – gleichfalls aus Basra – erging sich Rabi'a gegenüber in Klage und Schimpftiraden, über das kriegsverwüstete Land, alias: die verderbte Welt, da sagte sie leise: »Hängst du so sehr an der Welt? Nur wer sie liebt, redet so oft von der Welt wie du. Nur Käufer machen die Ware schlecht. (Anders übersetzt: »Wer Waren zerschlägt, kauft Waren«, bzw. »Wer von der Ware wegschaut, ist ein Käufer.«) Wärst du mit der Welt fertig, würdest du sie weder tadeln noch loben.« Tausend Jahre später übersetzte sich so was noch mal anders, nämlich schier: »Wer keine

Auf hundert Derwische kam nur eine Sufi-Heilige.

Waren zerschlägt, verdient nicht doppelt!« In noch angewendeterem Klartext: »Wer seine Feinde nicht hochrüstet, kann sie anschließend nicht zurückbomben, um sie dann wieder aufzubauen und sich dabei ein drittes Mal gesundzustoßen.« Und typische Sufi-Statements wie »Keiner ist glaubwürdig, der den Schlag seines Herrn nicht geduldig erträgt« grenzten schier ans jesuanische Hinhalten der Backe, und Steigerungen solcher Credos »Keiner ist glaubwürdig, der für den Schlag seines Herrn nicht dankbar ist« ans Masochistische. Im Munacara (Wettstreit der Heiligen) übertrumpfte damals ein Guru diese Maximen mit: »Keiner ist glaubwürdig, der nicht Wohlgefallen findet am Schlag seines Herrn.« In der Realpolitik aktueller Warlords und Blutsäufer wär dergleichen schwerlich anwendbar. Rabi'a aber ging noch einen qualitativen Gedankensprung weiter: »Keiner ist glaubwürdig, der nicht im Anblick seines Herrn den Schlag vergißt ...« Für Zeiten, die technisch und religiös nur partiell, politisch aber nach wie vor in toto in Mittelalter und Steinzeit zurückfielen, blieb der Anblick des Herrn zwar weitestgehend aus, dafür aber steigerten sich herrenlos ausgeteilte Schläge.

Als ein Dogmatiker sie harsch belehrte, Frauen könnten wahrlich keinen Anspruch erheben, heilig zu sein, erwiderte sie schlagfertig: »Und, ungleicher Mann, Frauen können erst recht keinen Anspruch erheben, Gott zu sein.« Später wurde sie bisweilen »Krone der Männer« genannt.

Frauen, die ihr halbwegs glichen (à la Maryam aus Basra, Bahrijja al-Mausulijja, Schawana, Amina ar-Ramlijja, Raihana al-Wahila, Rabi'a asch-Schamiya, Rabi'a al-Qaisis, oder Fatima von Nischapur), nannte man ehrenvoll »eine zweite Rabi'a«. Fariduddin 'Attar bezeichnete Rabi'a al-Adawiya als eine zweite Maryam (Maria). Legenden hüllten sie bald ein: Ihre Fingerspitzen leuchteten nachts; ihr Gebetsteppich hob sich in die Luft wie in Tausendundeiner Nacht; jedem Tierlein sein Pläsierchen. Die Ka'aba eilte ihr entgegen, worüber Mitpilger sich erbosten. Dialoge und Episoden mit Hasan aus Basra häuften sich, obwohl dieser vierundzwanzig Jahre vor ihrer Geburt starb; damals nahm man es mit den Lebensdaten nicht so genau, oder es handelte sich um einen anderen Hasan, der halt auch aus Basra kam. Daß Dschelalluddin Rumi sie nicht für würdig fand, in sein allumfassendes Mathnawi einzuwandern, warf schlechtes Licht auf Rumi, zumal er eine ihrer Geschichten durchaus aufnahm, aber sie einem namenlosen Asketen zuschrieb – wollte Rumi, anders als Fariduddin 'Attar, in mystischer Domäne keine Mystikerinnen zulassen? Daß Rabi'a symbolschwanger mit

Fackel und Eimer hantierte, wanderte als Legende durch Joinville, den Vertreter Ludwigs IX., ins Abendland und wurde vom Quietisten Camus 1640 in »Carité ou la Vraie Charitée« nacherzählt. In Florence Hervés und Ingeborg Nödingers »Lexikon der Rebellinnen« wanderte Rabi'a al-Adawiya nicht ein. Bhagwan Rajneesh rühmte Rabi'a als »herrlich verrückt« und referierte vier, fünf Episoden. Sie hätte in ihrem Koran x Stellen geändert, zum Erschrecken ihrer Zeitgenossen, und sogar ganze Zeilen rausgestrichen, z.B. »Wenn du den Teufel siehst, hasse ihn!« Jene Anekdote, wo Hodscha Nasruddin seinen Schlüssel an irrealem, aber gut beleuchtetem Ort suchte, übertrug Bhagwan auf Rabi'a, und schon suchte diese, laut Bhagwan, nach ihrer Nadel. Ihre weitergetragenen Aussprüche und Anekdoten, die an ihr weitererzähltes Leben andockten, schienen teilweise nicht ganz so originell, brillant und närrisch strukturiert wie bei Bayazid al-Bastami/Abu Yazid oder Abu Bakr Schibli, dafür umso rührender und vor allem zeitlich eher da als all die Späteren.

Worte von Rabi'a: Sei wie Wachs, erleuchte die Welt, und selbst brenne. Sei wie eine Nadel, arbeite immer nackt. Wenn Du diese beiden Dinge getan hast, werden tausend Jahre für Dich wie ein Haar sein. – Gib Du Deinen Feinden das Diesseits, Deinen Freunden das Jenseits; ich will von beiden nichts; denn Du bist mir genug! – Wie gern möcht ich wissen, ob Du meine Gebete angenommen oder sie verworfen hast.

Rabi'a über sich selbst: Ich komme von der anderen Welt und gehe zu der anderen Welt; ich bessere mich in dieser Welt, weil ich arbeite für die andere Welt; meinen Lohn bekomm ich schon in dieser Welt. – Ich habe Dich im Herzen zu meinem Gesprächspartner gemacht, während ich meinen Leib denen überließ, die mir Gefährten sein wollten. Mein Leib pflegt mit ihnen Umgang, doch nur der Geliebte meines Herzens ist mein Vertrauter. – O Allah, meine einzige Beschäftigung und all meine Sehnsucht in dieser Welt, eingeschlossen alle weltlichen Dinge, ist, Deiner zu gedenken, und in der zukünftigen Welt von allen Dingen, die diese zukünftige Welt zu gewähren hat, Dir zu begegnen. Dies sage ich von mir aus, nun mach Du, was immer Du willst. – O Allah, was immer Du mir an weltlichen Dingen zugesprochen hast, gib dies Deinen Feinden; und was immer Du mir in der zukünftigen Welt zugesprochen hast, gib dies Deinen Freunden; denn Du genügst mir. – O Allah, wenn ich Dich aus Furcht vor der Hölle verehren sollte, dann verbrenne mich in der Hölle, und wenn ich Dich in Hoffnung auf das Paradies verehren sollte, dann schließe mich aus dem Paradies aus; aber wenn ich Dich um Deiner eigenen Selbst Willen verehre, dann verbirg vor mir nicht Deine immerwährende Schönheit. – Ich will nicht die Ka'aba, sondern den Herrn der Ka'aba. Was kann ich mit der Ka'aba anfangen? Sie ist zwar das am meisten angebetete Idol auf Erden, aber Allah ist weder in noch außerhalb ihrer Wände gewesen; das hat Er nicht nötig. – Ich bitte Allah um Vergebung für meine mangelhafte Ehrlichkeit, wenn ich sage: »Ich bitte Allah um Vergebung.«

Andere über Rabi'a: Man sagt, Rabi'a nähte im Schein der Fackel eines Herrschers einen Flicken auf ihr Kleid. Da verlor sie ein Weilchen ihr Herz. Als sie das merkte, zerriß sie ihr Kleid, und da fand sie ihr Herz. (*Quschayri, Kap. 7,13*) – Wenn jemand sagt: »Warum wurde Rabi'a in die Ränge der Männer aufgenommen?«, lautet meine Antwort, daß der Heilige Prophet selbst sagte: »Allah legt keinen Wert auf eure äußere Form.« Wenn eine Frau auf dem Pfade Gottes ein »Mann« wird, dann ist sie ein Mann und niemand kann sie danach noch eine Frau nennen. (*Fariduddin 'Attar*) – Rabi'as Gottesliebe war absolut. (*Annemarie Schimmel, 1975*) – Rabya, du bist das Salz sämtlicher Frauen, die je existiert haben und je existieren werden. (*Bhagwan Shree Rayneesh, ca. 1980*) – Und sie war keine Milch-und-Wasser-Heilige. (*Doris Lessing, 1982*)

Rabi'a al-Adawiya: »Ich werde krank bleiben, bis ich am Jüngsten Tag mein Ziel erreicht haben werde.«

Kostbarer als tausend Söhne

Nangsa Obum, die Königin von Rinang – Dharma-Adeptin, Dakini, Mondschönheit (11. Jahrhundert)

Geboren wurde sie in Zentraltibet. Ihr Vater Kunzang Dechen und ihre Mutter Nyangtsa hatten sich abzufinden, bloß äußerliche Eltern zu sein. Als ihre inneren Eltern sah das Einzelkind alsbald die blaue und weiße Dölma, auch Tara genannt (ein weiblicher, tränengeborener Buddha – aus einer Träne Avalokiteshvaras!) und also keinen Geringeren als Avalokiteshvara höchstselbst. Auch sie, wie dieser, zeigte mahayanisches Mitgefühl für alle fühlenden Wesen. Ihr einziges Ziel bereits mit fünfzehn: dem Samsara zu entsagen und Dharma auszuüben. Sie verneigte sich vor den Dakinis, den Himmelswandlerinnen, den übernatürlichen Müttern übernatürlicher Buddhas. Sobald man ihrer nur ansichtig ward, fühlte man sich glücklich. »Diese Tochter ist kostbarer als tausend Söhne!«, behaupteten ihre äußeren Eltern, bei denen sie sich liebreizend bedankte: »Ihr wart so freundlich, mir diesen Körper zu geben.« Ihr Gesicht leuchtete wie der Mond; ihr Haar glänzte seidig wie zarte Reisschößlinge; ihr Duft betörte. Ihre Schönheit wurde mit der eines Kakadus verglichen, was schöne Rückschlüsse auf klassische tibetanische Schönheitskriterien zuläßt. Noch ganz jung, und schon sehr eingeweiht und weise. Ihr Fetisch oder Zentralbegriff lautete nicht Mokscha, Karma oder Nirwana, sondern Dharma. Hinter ihr Samsara (Scheinwelt), vor ihr das Dharma (kosmisches und soziales Gesetz). Durch die strahlende Klarheit ihres Handelns wurden hunderttausend Wesen zum Dharma geführt – kurz: Hinter Hymnen und Märchen wurde ihre reelle Vita unsichtbar. Statt an Heirat dachte sie nur an Versenkung. Bei einem Fest fiel sie dem Landesherrn von Rinang auf, Dragchen, der sie prompt mit seinem Sohn Dragpa Sambrub zu verheiraten suchte. Schmuckgeschenke machten keinerlei Eindruck auf sie, die sie den Antrag nicht annahm, doch ihre Eltern, aus Angst, nun vom König getötet zu werden, wiesen sie auf ihre karmischen Pflichten hin und überredeten sie doch noch zur Heirat. Sie gebar einen Sohn, Lhau Darpo, und erweckte Scheelsucht bei Ani Nyemo, der geifernden Tante ihres liebreichen Gatten. Diese dramaturgisch offenbar obligatorische Tante, genau wie in der Vita von Milarepa, überhäufte die gute, schöne, wahrheitsliebende Nangsa Obum mit später so genannten double binds: Wenn die Angeheiratete schwieg, wurde sie »blöde« gescholten; wenn sie redete, »Großmaul« tituliert; wenn sie ausging, wurde sie »Dirne«, wenn sie daheim blieb, »starres Tempelbild« genannt. Das klang psychologisch glaubhaft, wenngleich ansonsten in diesen beiden Frauen Gold- und Pechmarie agierten: Die Schöne war genauso gut und mildtätig wie die Unschöne giftig und hartherzig. Ihre wahren Wünsche verbarg Nangsa, bis eine ihrer Tränen auf ihren schlafenden Gatten fiel und Nangsa sie mit weiterem Schmuck trösten wollte. Gedichte, in die sie ihr Leid kleidete, milderten es nicht, geschürt von zwei Gurus, deren einer, der Milarepaschüler Rechung Dordrag, ihre Ansicht verstärkte, ihr Körper, samt Schönheit, würde bald dahinschmelzen und daß man nur die kurze Zeit, in der man mit einem Körper ausgestattet sei, das Dharma ausüben könne. Ihr Sohn, obwohl klug, würde sie nicht zur Erleuchtung führen können, weil selber nur als flüchtiger Regenbogen zugange. Sie verglich ihn einem Strick, der sie im Leben festhielt, gut buddhistisch; denn Buddhas Sohn hatte Rahula (Fessel) geheißen. Weil sie zwei vorbeipilgernden Gurus allzu freigebig Getreidesäcke gespendet hatte, riß die geizige Tante einen steigerbaren Streit vom Zaum, in deren Verlauf sie die gute Nangsa sogar schlug und ihr sieben Haare ausriß, um dann Nangsas Gatten zu petzen, Nangsa habe umgekehrt sie geschlagen. Ihr Gatte, obwohl gutherzig, glaubte in diesem Zweifelsfall eher den Verleumdungen seiner Tante als ihr, so windabhängig wie eine Wetterfahne, und schlug gleichfalls die Schöne. Sie litt unter den häuslichen Zwistigkeiten derart, daß sie daran starb und ins Bardo einging, in das Synonym des abendländischen Limbus, das Niemandsland zwischen Sein und Nichtsein, den Zwischensaum zwischen Tod und Wiedergeburt.

Aber als Dakini erzeigte sie sich fähig, nach ihrem Tod ihre Stimme singend zu erheben: Alle Angehörigen erschraken und hielten sie für einen Rolang, einen tibetischen Untoten oder Zombie, auf Sanskrit: für einen Vetala, also einen buddhistischen Ghul oder Revenant oder Vampir. Sie aber gehörte zu den wenigen, die bei Lebzeit starben, aber noch mal kurz zurückdurften; sie kam als Delong, also nicht als Gespenst, sondern als halbverklärte Göttin, sprach und sang wie aus einem transzendentalen Wachkoma – Gatte und Söhnlein flehten sie in gesungenen Kehrreim-Strophen ergreifend um Rückkunft in den Samsara; sogar die böse Tante zeigte Reue, die fast Verklärte aber schob Gegengründe und Argumente nach, um ihre Nichtrückkehr zu rechtfertigen. Geduldig gesungene Verhandlungen zogen sich hin.

Bald hieß es: Alle Schönheit des Universums, samt allen Tantras und Sutras und Mantras, die sie unermüdlich ruminierte, sammelte sich in ihr. Ihre Schönheit übertraf die einer Göttin. In der herzergreifenden Geschichte dieser Zeitgenossin von Machig Lapdrön und Phadampa Sangye und sogar Milarepa mischten sich Hagiographie, Vergoldungslegende, Ammenmärchen, buddhistisches Lehrstück mit Lied-Einlagen, Spuren stimmiger Biographie und Psychologie sowie haufenweise eingesprengte Goldtropfen tiefer Erfahrung und höherer Wahrheit. Alles wurde mehrfach umgeschichtet und aufbereitet und wanderte als dramatisches, tränenlösendes Bühnenstück durch Länder und Jahrhunderte.

Worte von Nangsa Obum: Das Leben ist so kurz wie ein Blitz in den Wolken. – Unser Leben ist wie ein Wassertropfen im Gras, den ein wenig Hitze verdunsten läßt. – Das Leben ist wie ein Wasserfall, der von hohem Berg stürzt; obgleich er großen Lärm macht, dauert es nur einen Augenblick, dann bist du vorbeigegangen, und er ist verschwunden.

Nangsa Obum über sich selbst: Ich wurde geboren, um allen fühlenden Wesen zu helfen. – Ich möchte nur den Dharma ausüben, aber nun muß ich jemanden heiraten. Meine Erscheinung hat gegen mich gearbeitet. – Ich hab nicht das, was man für das nächste Leben braucht. Ich hab nicht das, was man für dieses Leben braucht. – Ich verneige mich vor Guru, Deva und Dakini! Bitte führt mich heraus aus dem Ozean des Leidens. – Ich verneige mich vor den fünf Giften, die in die fünf Weisheiten verwandelt sind! – Ich bin wie ein kleiner Garten, der vertrocknen kann. Es gibt größere Gärten. – Obwohl das Mädchen Nangsa hübsch ausschaun mag, wie könnte sie sich eignen, die Braut einer bedeutenden Person zu sein? Bitte, laßt mich gehn! Obum möchte den Dharma studieren! – Jenseits der Vergänglichkeit liegen 7 Juwelen (Vertrauen, Disziplin, Großzügigkeit, Hören, Verstehen des Dharma, Beschämung, Prajna-Fähigkeit, Prajna-Entwicklung). Ich, diese Frau, möchte nur diese haben. Selbst gut gebaute Häuser zerfallen. Ich möchte nicht im Haus des Königs von Rinang leben, lieber in einer Höhle in Einsamkeit. Die bricht nicht ein wie Menschenwerk. – Meine schöne Gestalt und du, mein Sohn, und alle Verwandten sind Hemmklötze meiner Dharmapflege. – Bevor ich starb, lebte ich in reichen Häusern. Als ich ein Beispiel für die Vergänglichkeit gab und mein Körper auf dem östlichen Hügel lag, war ich sehr traurig, als ich ihn sah. Da ich an die Bedeutungslosigkeit des samsarischen Lebens denke, fühl ich mich in eurem Haus nicht glücklich. Als die Tochter meiner Mutter,

Nangsa Obum, noch am Leben war, ritt ich auf einem munteren Pferd, doch jetzt hab ich nicht das Gefühl zu reiten.

Andere über Nangsa Obum: Ihr Geist verließ ihren Körper wie ein Haar, das man aus der Butter zieht. (*Tibetisches Volksdrama*)

Heiliger als heiliggesprochene Heilige

Hildegard von Bingen, die Prophetissa teutonica –
Benediktiner-Nonne, Äbtissin, Visionärin, Musikerin, Heilkundlerin, Naturforscherin (1098–1179)

Schon mit fünf sagte das zehnte Kind adliger Eltern hellseherisch die Fleckenzeichnung ungeborener Kälber voraus. Von der Inklusin Jutta von Spornheim ward sie lateinisch erzogen auf dem Disibodenberg.

Die rheinische Nonne fühlte sich oder wurde von Gott beauftragt mit mystischer Gottesschau – ihre Begründung: Männer seien zur Beobachtung der Gerechtigkeit zu lau und zu schlaff, um ihre Schaugeschehnisse (Visionen) aufzuschreiben, was sie von allein wohl nicht unbedingt gemacht hätte. Ihr Organisationstalent stand ihrer Kontemplation nie im Weg. Sie beschrieb präzise die Antlitze, Flügel und Leuchtstufen aller Engelschöre. Überirdische Lichtfülle blendete und schmerzte sie nicht, sondern wärmte sie. Ihrem Gott war Konkurrenzausschaltung sehr wichtig, und drohte also ihr, daß, wenn sie – statt Ihn – Sterne, Feuer, Vögel und andere Geschöpfe nach der Zukunft befrage, Er sie hinwegfegen würde wie den gefallenen Engel. Er wandte sich direkt an sie (wie Allah an Mohammed) und machte Vorwürfe: »Weshalb schiebst du Mich beiseite? Du Törin! Überlege, wer Ich bin! Ich bin Gott über alles und in allem. Aber du willst, daß ich deinen Willen tu, während du Meine Gebote verachtest! Ein solcher Gott wäre kein Gott. Gott braucht nicht Ratschläge am Anfang noch Furcht am Ende.« Gott übergoß sie auch mit archaischen, bei Hiob angelesenen Protzereien: »O Mensch, wo warst du, als die Sterne und übrigen Geschöpfe gemacht wurden?« Gott hielt also Sterne für Geschöpfe, unterlag also selber eigentlich monotheistisch verpöntem Animismus!? Ihr Gott warnte sie auch vor dem Teufel, glaubte also an ihn. In einem Brief an Papst Anastasius IV. sagt Hildegard von Gott, daß dieser nicht aus dem Weg geräumt werden könne. Selbst König Konrad III. wagte sie brieflich zu mahnen: »Höre: In gewisser Weise wendest du dich ab von Gott. Die Zeiten, in denen du lebst, sind leichtfertig wie ein Weib.« (Frauenverachtung?) Kaiser Friedrich Barbarossa erinnerte sie brieflich daran, daß er nur ein Diener Gottes sei. Eine himmlische Stimme redete sie also an: »Gebrechlicher Mensch, Asche von Asche, Moder von Moder!« und befahl ihr, ihre Schauungen niederzuschreiben. Pausenlos sprach sie von ihrem Sohn, hatte aber als Nonne gar keinen, sondern Gott sprach durch sie hindurch, die sich deshalb auch »Posaune Gottes« nannte, von seinem Sohn Jesus. Bernhard von Clairvaux half, ihre Visionen von der Kirche als gültig anerkennen zu lassen. Sie schuf das erste liturgische Mysterienspiel, »Ordo virtutum«, und achtzig geistliche Lobgesänge (Sequenzen, Hymnen) und Wechselgesänge (Antiphone, Responsorien). Bischöfe nannte sie »pigmentarii« (Salbenmischer). Als Heilkundige heilte sie oft einfach nur mit geweihtem Wasser. Trotz Schwächlichkeit fuhr sie oft auf Predigtreisen. Ohne eiserne Lady zu sein, sondern ganz weich, kränkelnd und fragil, blieb sie agil und geistlich fruchtbar bis ins höchste Alter. Sie sah fünf Kaiser und siebzehn Päpste und Gegenpäpste kommen und gehn.

Im Placebo- und Contergan-Zeitalter erlebte ihre Kräuterheilkunst eine enorme Renaissance. Ihre Musik klang in Disco- und Metallica-Zeiten so still und schön, als wär das finstere Mittelalter nicht bloß halb so schlimm, sondern doppelt so schön und still gewesen. Wo einst ihr Kloster stand, donnerten alsbald Schnellzüge. Auf einmal schienen Hildegardpassagen auf sauren Regen, Schadstoffbelastung und Umweltkatastrophen zuzutreffen: »Und ich sah, daß das obere Feuer des Firmamentes ganze Regenschauer voll Schmutz und Unrat auf die Erde schüttete.« Die Elemente schrien auf gegen den Menschen. Man verehrte sie wie eine Heilige, dergestalt, daß alsbald alle sie für heilig hielten und sich wunderten, daß sie strenggenommen nie offiziell heiliggesprochen wurde, trotz vieler Bemühungen (vielleicht wegen einiger freimütiger, also anstößiger Passagen); eine ungekrönte Königin, einstimmig die größte sichtbar gewordene Frau des 12. Jahrhunderts, die Dutzende bis Hunderte Heilige überragte, wie Franz Kafka, James Joyce, Marcel Proust, Arno Schmidt selbviert 55 bis 77 Nobelpreisträger in die Pfanne hauen. In Frauenlexika landete Hildegard von Bingen zwischen Patricia Highsmith und Etty Hillesum.

Worte der Hildegard: Der Weinberg des Herrn raucht von Leid. – Das eine davon ist wie ein feuriger, aber nicht brennender Hund, weil dieser Zeitabschnitt bissige Menschen in die Welt setzen wird. – In den Bäumen erkennt der Mensch, daß er körperlich ist. – Wenn fruchtbare Männer sich der Frauen enthalten, werden sie leicht krank. – Da entbrennt der Mann in einem so starken Lustgefühl, daß er in der Hitze dieser Leidenschaft seiner vergißt und den Erguß seines schaumigen Samens nicht mehr zurückhalten kann.

Hildegard über sich selbst: Es geschah im Jahre 1141 nach der Menschwerdung des Gottessohnes Jesus Christus, als ich 42 Jahre und 7 Monate alt war. Aus dem offenen Himmel fuhr blitzend ein feuriges Licht hernieder. Es durchdrang mein Gehirn und setzte mein Herz und die ganze Brust wie eine Flamme in Brand. – Ich, erbärmlich und mehr als erbärmlich in meinem Sein als Frau, schaute schon von meiner Kindheit an große Wunderdinge, die meine Zunge nicht aussprechen könnte, wenn nicht Gottes Geist mich lehrte zu glauben. – Ich bin ja ein Mensch, der durch keinerlei Schulweisheit über äußere Dinge unterwiesen wurde. Nur innen in meiner Seele bin ich unterwiesen.

Hildegard von Bingen: »Meine Seele steigt, wenn Gott es will, zum Firmament.«

Andere über Hildegard: Ihr Leben gleicht dem Bild eines kostbaren Sterbens. (*Mönch Gottfried, einer ihrer vielen Sekretäre*) – Wer hat je Ähnliches von einer Frau gehört? (*Wibert von Gembloux, Hildegards letzter Sekretär*) – Hildegards gesamtes Lebenswerk ist eine riesige Volkspredigt, der Versuch, das Gemälde der Geistesgeschichte aufzurollen. (*Friedrich Heer, 1916–1983*) – Sie vermochte tatsächlich Weltgeschichte zu bewegen, ohne der Manie einer monastischen Emanze zu verfallen. (*Alfred Läpple, 1988*) – So gehören zu der grandiosen Zusammenschau Hildegards auch scheinbar belanglose Nebensächlichkeiten, ermüdende Wiederholungen und minutiöse Beschreibungen des Geschauten. (*Walpurga Storch, 1990*)

Göttliche Hochzeit mit unverläßlichem Gott

Prinzessin Mirabai von Jodhpur – Gottesbraut, Strohwitwe, Bhakti-Dichterin (um 1498–1546)

Sie wuchs auf in einflußreicher Dynastie im weltumspannenden Mogulreich; ihr Urgroßvater Dschodhadschi Rathor gründete Jodhpur. Die Krischna-Statuette, die ein Gast ihrer Eltern, ein 125jähriger Sadhu, Bhakti-Mystiker und Rama-Verehrer namens Raidas bei sich führte und die sie als Kind sah und unbedingt haben wollte, mochte ihr der zögernde Greis nicht schenken, bis ihm dann ein Nachttraum befahl, die Figur doch noch an dieses Mädchen weiterzugeben. Bei der Hochzeit einer Nachbarstochter fragte Mirabai (Mira Bai), wer wohl ihr Bräutigam mal sein würde. Da wies ihre Mutter scherzend auf die Krischnafigurine; das Mädchen nahm das aber überhaupt nicht als Scherz. Ihr einziges Ein und Alles seither und sowieso und für immer hieß: Krischna. Nach dem frühen Tod ihrer Mutter wuchs sie bei Großvater Rao Dudadschi auf, mit ihrem Cousin Dschayamal. Lehrfächer in diesen Adelskreisen: Schriftkenntnisse, Kampfkunst, Feinhandwerk, höfische Etikette. Nach dem Tod des Großvaters verheiratete ihr Onkel Viradev sie 1516 mit Bhodschradsch Sisodiya aus der Radschputen-Dynastie. Ihr ablehnender Kommentar: »Ich werde nicht vom Elefanten steigen, um einen Esel zu reiten.« Unglaublich, aber sie erklärte, bereits verheiratet zu sein; alle staunten: »Aber mit wem?« Sie betrachtete Schri Giridharalaladschi (also eben Krischna) als ihren Göttlichen Gatten. An der angeblichen Hochzeit mit ihm, vor kurzem, hatten plus/minus 56 Millionen Götter teilgenommen, falls da keiner aufgerundet hat, bei dieser selbst für Hindu-Demoskopen schwer überprüfbaren Ziffer, und in Relation zur abflauenden Überwonne des unglaublich traumhaft überirdischen Glücksfestes sah ihr irdischer Gatte vergleichsweise arg ungültig aus, ungöttlich, extrem unzureichend, farbschwach und unwichtig. Die hochoffizielle fürstliche Heiratszeremonie am Hof ließ die Achtzehnjährige passiv schulterzuckend über sich ergehn, verweigerte aber aktiv Hochzeitsnacht und Ehevollzug, was ihr irdischer Gatte liebevoll akzeptierte. Dreizehn Jahre später, als er in der Schlacht von Ghatoli umkam, verweigerte sie die Witwenverbrennung – Begründung, sie sei keine Witwe; denn die Schlange des Todes könne ihren wahren Gatten nie beißen.

Das Falschgold des Königshofs, der Beamtenapparat, Vermittlungspriester und anderes Drumherum verachtete sie. Um ihres Idols Rückkunft näherzukommen, ließ die atypische Königstochter, zum Entsetzen ihrer Verwandten, die Palastanlagen im Rücken und wurde eine singende Yogini, rieb sich mit Asche ein, lief mit Antilopenfell herum, mit Fußkettchen und Zimbeln an den Fesseln, also optisch durchaus auf schamanischer Ebene. Lieber göttliche Lumpen als profane Seidenkleider! Sie hielt es wie vormals und anderswo die abtrünnigen Könige Gotama und Ibrahim Adham als Bettelasketen bzw. Wanderarbeiter umgingen: das Schlimmste, was familiär passieren konnte; weil nun die Endloskette der Ahnengeister abriß. »Sippenzerstörerin!« mußte Mirabai sich von ihrer Schwiegermutter nennen lassen. »Mira ist wahnsinnig!«, klagten Leute und Freunde. Ermordungsversuche, märchenhafterweise drei an der Zahl, überstand Mira durchaus. Als ihr Ratan Singh II. meuchlings einen Giftbecher reichen ließ, trank sie ihn lachend aus, als handele es sich um den Nektar von Govindas Füßen. Da sie bereits dessen Unsterblichkeitstrunk genossen zu haben glaubte, konnten ihr weder Gift noch Schlangenkorb noch Prunkbett mit tückischer Spieß-Einlage etwas anhaben (falls nicht Sympathisanten am Hof die Anschläge empirisch vereitelten). Nach Ratan Singhs Ermordung bestieg Wikramadschit den Thron, der gleichfalls die artfremd wandelnde Familienschande töten lassen wollte, nur fand sich kein Ausführorgan, für den Fall, daß sie als eine echte Heilige zu gelten hatte. Der Machthaber nötigte sie, sich zu ertränken, sie aber konnte fliehen.

Mirabai litt eigentlich an ganz anderem. Denn ihr Göttergemahl, kaum daß er sie entzündet und unendlich beglückt hatte – so kurz nach der bombastischen Hochzeit –, kehrte nicht mehr zu ihr zurück, rätselhafterweise. Sie lief durch Wälder und fand sein Antlitz nicht wieder. Ohne ihn fühlte sie sich klein, hohl, tot. Lebendigkeit fuhr nur dann in sie, wenn er mitspielte. Schlaflos quälte sie sich. Mondlicht tröstete sie nicht mehr. Einmal glaubte sie die Flöte Krischnas zu hören, da schwanden ihr vor Wollust die Sinne. Kanha (Dunkler), Gopala (Kuhhirt), Govinda (Herr der Kuhherde), Manamohana (Herzbetörer), Dinanatha (Helfer der Armen), Madhava (Nachfahr Manhus), Sa'nvara (Dunkelblauer), Schyama (Dunkler, Zaubernder, schwarze Schlange): die Unzahl von Krischnas klangschönen Namen, Bei- und Kosenamen flatterte polyphon, also fast polytheistisch farbenprächtig um den monoton, ja monotheistisch umkreisten einzigen Lichtpunkt Krischna. Mirabai rühmte seine krokodilförmigen Ohrgehänge und dreifache Körperbiegung und bot ihm, innerhalb ihrer Lieder, ihr Kopfhaar als Thron, so als wäre der kosmosumspannend ausdehnbare Hari (Löwe) oder Murari (Dämonenbezwinger), ihr Abgott und Gott, ein kleiner nestbauender Dämon. Krischna, unrührbar, quittierte selbst ihre schönsten Locklieder mit Abwesenheit. Was Metatari (die aus Merata Stammende, Beiname Mirabais) ihm auch opferte, selbst Großes: es blieb insgesamt wenig, kaum was, ach ja: nichts. Für seine Rückkehr zu ihr schmückte sie ihre Bettstatt mit Blumengirlanden. Dergleichen konnte Krischna offenbar nicht locken. Hilfeschreie ertrinkender Elefanten erhörte der Gott durchaus, nicht aber Mirabais hinausgesungenen Sehnsuchtsschreie. Ein Elefant rief nur die erste Silbe von Krischnas Namen, schon wurden ihm x künftige Einleibungen erspart; selbst einen stummen Stein rettete Krischna aus dem Wellenspiel der Welt; Mirabai hauchte und rief alle Namen Krischnas hundertmal täglich und wurde dauerhaft darbend im Vorhof und Regen abgestellt. Flaschenpost an Krischna gab sie einem Raben mit.

Mirabai wollte einen Bhakti-Guru um Rat fragen, bekam aber keine Audienz gewährt, mit der Grundangabe, sie sei bloß ein Weib. Da ließ sie ihm ausrichten, er sei selber eine Frau, neben Krischna; denn der Unterschied zwischen Gott und Mensch sei unendlich größer als der zwischen Mann und Weib. Da errötete der Guru und empfing sie geläutert, konnte ihr aber auch nicht weiterhelfen und ihr Leid nicht verkleinern. Sie zählte gepeinigt die Tage und Wochen von Krischnas Schweigen. Sie zappelte als Fisch ohne Wasser. Sie deutete die göttliche Reaktionslosigkeit als Strafe oder Schuld. Um Schlaflosigkeit zu vertreiben, zählte sie Sterne. Als ihr ein Sterndeuter die Rück- oder Ankunft ihres lang entbehrten Gemahls ankündigte, schwelgte sie sofort in strömendem Glück, als käm er tatsächlich, und schon schien er zu kommen; also kam er – nein, doch nicht. Er kam nicht. Sie forderte Krischna verzweifelt auf, ihr ihre Vergehen zu nennen – und der Gott nannte keine. Der Gott blieb stumm. Krischna ließ sich nicht erweichen. Krischna zeigte kalte Schultern, oder nicht einmal solche. Sie rief »Verlaß mich nicht!«, ohne daß vorher der Gott überhaupt plausibel anreiste. 840000 Daseinsformen hatte sie durchlaufen müssen, ehe sie als Mensch geboren werden konnte – wofür? Sie verzehrte sich vergeblich, sie verblich; Ärzte diagnostizierten Gelbsucht. Sie hielt ihrem verschwundenen Gatten Standpauken: »Auf meine Brandwunde hast Du Salz gestreut! Deine Säge hast Du durch mein Herz geführt!« Sie versuchte, durch Hungerstreik seine Aufmerksamkeit zu erringen. (Derwisch Nuri drohte

Allah, sich zu ertränken, wenn der ihm keinen Angelerfolg bescheren würde.) Krischna aber ließ sich moralisch nicht unter Druck setzen. Krischna blieb subjektiv derart weit von Mirabai entfernt, als seien ihm die Welt und sie egal. Ohne Krischna weiterzuleben, kam subjektiv für Mirabai nicht in Frage, und mit Krischna zu leben, objektiv erst recht nicht. Sobald der Visionärin die Vision ausblieb oder sobald Realismus übergewichtig wurde, litt sie Trennungsschmerzen. Ihre Lieder klangen, als wär er mal bei ihr gewesen, nur halt jetzt, zur Zeit, leider nicht mehr; einmal aber gab sie zu, daß sie eigentlich noch nie wirklich eine Begegnung mit ihm erlebte; nur ein einziges Mal sei er kurz in ihren Innenhof gekommen, und diesen Moment aber hatte sie schmachvoll verpaßt und verschlafen, getreu dem alten Sufileiden, in seiner klassischen Formulierung: »Wenn Gott da ist, bin ich nicht da; und wenn ich da bin, ist Gott nicht da.« Göttliche Phantomschmerzen, die fieser peinigten als echte, reelle Profanschmerzen, trimmten und weihten Mirabai zur Dichterin. »Erst verspricht der süße Lügner alles, später weiß er davon nichts mehr!« Sie rief: »Verlaß mich nicht«, ohne daß der polygame Gott vorher überhaupt plausibel anreiste. Hatte der polygame Gott eine andere!? Als ihr Irrtum nicht mehr mit sich selbst übereinstimmte, sah ihr das wie Lüge aus. Krischna vergaß Mirabai nicht nur; er log gar nicht erst. Ausdauernd goß die unverdient Verschmähte ihr gleichbleibendes Leid in Hunderte kaum unterscheidbarer Anläufe zu metrisch strengen, literaturhistorisch vom Bhakti-Mystiker Kabir beeinflußten Liedern.

Oder wartete Mirabai nur auf einen irdischen Liebhaber und belegte ihn mit göttlichen Namen? Einmal glaubte sie einem fahrenden Musiker anzumerken, daß in ihm Krischna stecke, und lief ihm nach, um das näher zu überprüfen. Nur selten tönte ein Pfau, ein Frosch, ein Papiha (Kuckuck) oder Kocila (eine andere Kuckucksart) herein in den Zirkel ihres Lebensinhalts: Warten auf Krischna. Selbst ihr inzwischen ergrautes Haar schob sie auf Krischnas dauerhaft hartherzig rätselhafte Entferntheit.

Oder wollte Krischna ebenso heftig zu ihr wie sie zu ihm und fand nur den Rückweg nicht? So oder so: Krischnas hingegebenste Jüngerin flehte ins Leere. Und vice versa: Krischna hüllte sich in Abwesenheit, wenn nicht gar in unverkraftbare, unzumutbare Nichtexistenz. Hätt es ihn etwas objektiver gegeben, wär er gewißlich kooperativer gewesen.

Wolken erfreuten ihr Herz, doch weniger aus damals kaum entwickelter Naturliebe, sondern vor allem, wenn die Wolken Krischna anzukündigen schienen. Auch Halladschs ohnedies brahmanisch anmutendes Motiv des Falters, der sich in die Flamme stürzt, fand sich in ihren hinduistischen Versen. Ihre dauerhafte Lotosfußverehrung variierte neutestamentliche Fußwaschungen; Krischnas Beiname ›Giridhara Nagara‹ (Bergeheber) verwies wider Willen auf christlich bergeversetzenden Glauben, und ihre ehelichen Vorwürfe »Verlassen hast Du mich, Vertrauensbrecher« variierten einen in vielen Religionen bekannten Zustand, im Zen-Buddhismus ›niwazume‹ geheißen (Stehngelassenwerden im Vorhof); Jan van Ruesbroeck hatte es so ausgedrückt: »– wenn Gott hinwegfliegt über das Hungerhaben der Seele in einem Nichtgewähren«. Hadernde alttestamentarische Psalmisten hatten es ähnlich ausgedrückt: »Du hast Dir die Ohren verstopft vor meinen Klagen«. Jesus Christus: »Mein Gott, warum hast du mich verlassen!?« Mirabai: »Du bist die Stütze meines Lebens.« Psalmist: »Dein Stecken und Stab trösten mich.«

Ansonsten schien Mirabai von keinem anderen Problem geplagt zu werden, außer das ganz allgemeine, daß man die eigene kostbare Inkarnation pro Tag mit fünfzehn Stunden weltlichen Treibens und neun Stunden trägen Schlafs verplempert. Bei aller Kürze des Lebens spürte sie sich gedrückt von der Last der Welt. In manchen Liedern redete sie sich ein, Krischna wohne in ihrem Herzen, wo sie ihn auch oft besuchte, was aber oft nichts brachte, dann wieder litt sie – wie viele Mystiker – fürchterlich, weil ihr einziger Gott so erschreckend wenig von außen kam. Sie versank in ungöttlicher Realität und starb, und ihr einstiger Wahrtraum hörte erst ganz zuletzt zu leuchten und zu nagen auf.

Die simple Tatsache, daß eine punktuelle numinose Überflutung nicht jederzeit auf Knopfdruck wiederholbar bleibt, hatte sie nie durchschaut. Keine Sekunde ihres leiddurchfluteten Lebens konnte sie als religiös unauslöschlich entflammte Seele auf die kalte Idee kommen, daß ein Gott vielleicht deswegen ausbleiben kann, weil er stumm, unerreichbar oder tot sein könnte oder seit jeher und für immer inexistent. Die alle königlich privilegierten, also profanen Verstrickungen aufgelöst hatte, verstrickte sich umso tiefgreifender und unauflöslicher im Überweltlichen. Erst durchschaute und überwand sie optimal die Maja oder ›lila‹ der Welt (göttliches Gaukelspiel), dann wurde sie zum Opfer ihrer Evidenz und Chimäre, mit einem Gott verheiratet zu sein bzw. zum Opfer metaphyischer Fopperei seitens der ›lila‹, die Krischna mit ihr trieb, oder der Gaukelgöttin Maja, die ihr einen überwirklichen Gott namens Krischna vorspielte.

Mirabais religionshistorischer Querbezug zu Minnemystikerinnen und Jesusbräuten in Europa blieb im nachträglichen Überregionalium unübersehbar. Lebenslang Gottesbraut auf Abruf, Strohwitwe, verlassenes Mägdelein und Jungfrau in einem, drehte sie sich um ihren spirituellen Fixpunkt wie vorher Laotse um Dao, Gotik um ›got‹, Madschnun um Laila, und Rumi um Schamsuddin, und der Fliegende Holländer um Erlösung, Dr. Steiner um den Geist, Martin Heidegger ums Sein, Kapitalisten um Dollars, Marxisten um Marx, Sexisten um Sex, Katholiken um Rom, Dadaisten um Dada, und die ISKCON (International Society for Krischna Conciousness) um Krischna, und eine Spirale um ihre Mittelachse, ein Rad um seine Nabe, und Stephen Hawking um schwarze Löcher, und Planeten um die Sonne, und Elektronen um Nukleonen.

Aufgeklärte, psychologische Ferndiagnose: Beziehungswahn, schizophrene Trugwahrnehmungen, mythomanisch obsessiver, marastischer Umgang mit einem fetischisierten imaginären Gefährten, garantiert therapieresistent, einerseits hochpsychotisch, aber auch nicht psychotisch genug, als daß die Patientin viel häufiger eines euphorieauslösenden göttlichen Anhauchs oder deutlicheren Dialogs gewürdigt worden wäre. In ihren Entzugsschmerzen warf sie ihrer göttlichen Droge vor, sie spende keinen Kick mehr. Damalige mystische Zustände innerhalb würdiger Hochreligion blieben davor bewahrt, echte Gottesbegegnungen arg materiell und physiologisch auf simple Drüsensekretion zurückzuführen, die leider bloß einmalige Ausschüttung von Endorphin, Dopamin, körpereigener Glückshormone, die dann dem betroffenen, überfluteten Neocortex mythologisch-halluzinatorische Fehlinterpretation bescherte.

Von Mirabais tausend überlieferten Liedern, des Titels ›Padavali‹ (Gedichtfolge), galten nach fünfhundert Jahren mündlicher Tradition etwa zweihundert als authentisch, auf Marwari-Hindi, Standard-Hindi, Gudscharati und Radschastani. Pundschabipartikel und östlichere Dialekte schlichen sich in den Corpus ein und machten dessen geographische Ausbreitung erschließbar. Mirabai von Jodhpur gilt weiterhin als eine der ersten Dichterinnen, die nicht nur traditionell vorgegebene Motive aufgriffen und im engen Rahmen des bis dahin Üblichen imitierten, sondern die auch »subjektive Befindlichkeiten« anklingen ließ.

Worte von Mirabai: Diese Welt ist ein Würfelspiel; bei Nachteinbruch baut man das Spiel ab. – Das Blatt, das vom Baum fällt, kann nicht wieder angeheftet werden.

– Götter und Menschen warten vor der Tür. – Wo sind, o Herr, meine Kuh und ihr Kälblein? Vor der Tür stehn Elefanten.

Mirabai über sich selbst: Ich bin ein Dorn in den Augen aller. – Ich bin nur eine Liebesnärrin. – Von Sinnen bin ich. Als würde Holz zernagt von Holzbocklarven. Heiltrank aus Wurzeln schlägt bei mir nicht an. Liebesschmerz zerfrißt mich. – Die Zunge versagt mir gescheite Rede. – Unerschütterlich ist mein Glauben an Deine Füße. – Ab streifte ich die Bluse der Hemmnisse. – Wehklagend ging mein Leben dahin.

Andere über Mirabai: Sie ist vielleicht die wichtigste aller erleuchteten Frauen. In jener Zeit, in diesem idiotischen Klima, in einem solchen Umfeld fing die Königin an, auf den Straßen zu tanzen! Die Menge versammelte sich, und Meera war so trunken vom Göttlichen, daß ihr der Sari herabglitt und Gesicht und Hände enthüllte! Die Familie war zweifellos in höchster Empörung. Aber sie sang wunderbare Lieder, die wunderbarsten Lieder, die je auf der ganzen Welt gesungen wurden, denn sie kamen direkt aus ihrem Herzen. Sie waren nicht komponiert, es waren spontane Ergüsse. (*Bhagwan Shree Rajneesh*) – Ihre Verse zählen zum Kanon der Weltliteratur und stehen neben denen Rumis, Hafis' und Hildegard von Bingens. (*Regina Berlinghoff, 2005*) – Sie ist nicht nur wegen ihrer eigenwilligen Persönlichkeit eine höchst faszinierende Frauengestalt der Religionsgeschichte. Ihre ganz persönlich gehaltenen ekstatischen Liebes-, Preis- und Klagelieder sind durch die Jahrhunderte lebendig geblieben und werden noch heute auf dem indischen Subkontinent von Hindus, Sikhs, Muslimen und Christen gleichermaßen rezitiert, gesungen und von den indischen Radiostationen ausgestrahlt. (*Wikipedia, 2012*)

Mirabai nahm Zuflucht zu Krischnas Füßen.

Kopulieren und sterben, um sich zum Mann umzugebären

Jeanne Marquise d'Urfé – Okkultistin, Alchimistin, Leichtgläubige, Geschlechtsumwandlerin, Selbstgebärerin (1704–1770?)

Camus de Pontcarré erbte und erweiterte die größte alchimistische Privatbibliothek der damaligen Welt, ging hingegeben in ihr auf und heiratete 1724 Louis-Christophe de Larochefoucauld de Lascaris, Marquis d'Urfé et de Langeac, Graf von Sommerive, und schenkte ihm als Jean Marquise d'Urfé bzw. Madame Durfee einen Sohn und zwei Töchter und wurde mit neunundzwanzig Jahren Witwe. Ihre Wertpapiere verwaltete sie (wohlmeinenden Stimmen zufolge) vernünftig oder auch (bösen Zungen zufolge) geizig. Sie bezog 80000 Francs Rente aus Grundbesitz und Immobilien in Paris, enterbte zwischendurch auch mal ihre allzu geldgierige Tochter. Täglich hielt sie ein Gastmahl für zwölf wechselnde Personen ab, fachsimpelte mit Chevaliers, Physikern, Mönchen, Maklern, Börsenspekulanten, Voltairegegnern, Parlamentsräten teils über Salpetergeist, Platin, Planetengeister, Kabbala, teils – und nicht minder kompetent – über Zinsen, Kaufverträge, Gewinnausschüttungen und Aktien der Ostindien-Kompagnie. Jedem Gast führte sie – immer auf Französisch – Rarissima, Specifica, Exotica vor: den Talliamed, ihren Athanor, den Baum der Diana (der in Novalis/Klingsohrs Märchen »Wetterbaum« hieß), Streupulver, gestern erst angezündet, das aber angeblich seit zwanzig Jahren köchelte, zwecks Goldproduktion. Sie behauptete, weiterhin Briefe des verstorbenen Abbé Le Maserier zu empfangen und von Philipp Herzog von Orléans den Ehrennamen Egeria (Gabir ibn Haijan, europäisiert) erhalten zu haben. Auch Raimundus Lullus, Arnauld de Villeneuve, Roger Bacon seien nicht gestorben! Ihr Lieblingsautor: Paracelsus, der ihrer Meinung nach weder Mann noch Frau gewesen wäre und sich mit seiner überdosierten Panacea vergiftet hatte. Ihr lustvoller Wahn: mit Undinen, Sylphen, Gnomen, Salamandern kommunicieren zu wollen. Da Frauen angeblich den Lapis Philosophorum nicht finden und mit Elementargeistern nicht zu verkehren vermochten, hieß ihr höchstes Lebensziel: im nächsten Leben als Mann wiedergeboren zu werden. Betrüger redeten ihr ein, sie wüßten, wie dieses Ziel in Bälde erreichbar sei. Hier plötzlich sehr unpragmatisch, kannte ihre Leichtgläubigkeit kaum Grenzen. Vom prominenten, dandyesken

Abenteurer Comte de Saint-Germain ließ sie sich ein kostbares Wunderwässerchen kredenzen, das zwar nicht verjüngte, aber den Status quo durch drei Säkuli beizubehalten half, wie in seinem eigenen süperben Casus, und schon erzählte sie dem Regenten, daß sie jetzt tatsächlich nicht mehr altere. Ein gewisser Chevalier de Seingalt, 38, bzw. Galtinarde von Fontainebleau, beides Decknamen Giacomo Casanovas, witterte einen Coup, schlich sich 1763 in ihr Vertrauen, machte die Begüterte auf Umwegen glauben, auch er sei reich, und kribblig, indem er sie drei Wochen im Gasthof »Zu den dreizehn Kantonen« auf ihn warten ließ. Er setzte ihren durchschaubaren Prahlereien und Taschenkunstgriffen noch viel raffitückischere kryptographische Kunststückchen und Quasi-Zaubereien entgegen, wickelte sie um den Finger, verspürte keine Hemmung, die ruchlosen Taten seiner trickreichen Vorgänger weiterzutreiben. Sie, von Casanova schmeichelhaft »Semiramis« getauft, durfte sogar Casanovas Daimonium, oder besser: Genius befragen, des Namens Paralis. Ihrer überspannten Fehl-Intuition zufolge besaß dieser Casanova ganz unbedingt den begehrten philosophischen Stein, dies einzige Ein und Alles aller Alchimisten. So traute sie ihm zu, die Welt ungebührlich, ja: übernatürlich aus den Angeln heben zu können, und er war zu schwach oder hintertrieben, um da allzu laut nein zu sagen. Selten war jemand auf ihre anschürbaren Wahnideen und Hirngespinste so verständnisvoll eingegangen. Sie erhoffte, erwartete, verlangte von ihm das Geheimrezept, ein Mann zu werden, um wenigstens alsdann, als Mann, mit ihren geliebten Elementargeistern verkehren zu können. Diesseits hormonell-operativer Geschlechtsumwandlung, die im achtzehnten Jahrhundert noch nicht in Frage kam, hätte sie für ihr Ziel, ein Mann zu werden, sogar die Vorverlegung ihres irdischen Todes in Kauf genommen und sagte in diesem Sinne zu Casanova: »– ich glaube nicht, daß es Ihnen aus falsch verstandenem Mitleid mit meinem alten Gerippe am nötigen Mut fehlen könnte.« Sie flehte ihn an, er möge sich ihrer erbarmen, schenkte ihm 500 Louisdor, schrieb ihm nach Holland, ihr Genius habe ihr mitgeteilt, er würde mit einem Knaben nach Paris zurückkehren, der einer philosophischen Paarung entsprungen sei. Ihr Herzenswunsch und Generalplan: der Magier Casanova solle ihre Seele in den Leib dieses Knaben hineinpraktizieren (hinüberbeamen!) bzw. auf ein erst noch, seitens Casanovas, im Schoß einer Jungfrau zu zeugendes Kind; sieben Tage später würde Mme d'Urfé dann sterben und drei Jahre später ihr Bewußtsein in diesem Knaben wiedererlangen. Angst vor ihrer gefährdeten Wiedergeburt bzw. effektlosem Tod, verspürte sie nicht. Ohnedies trug sie einen armierten Magneten um den Hals, auf daß jederzeit ein Blitz hineinführe und sie zur Sonne aufsteigen könne. Das betont außerirdisch fundierte Brimborium, das Casanova als Verwandlungspriester um ihre Wiedergeburt als Mann trieb, kraft Mondkalender und magischer Handbücher, also indem er z.B. rituell sieben Tage lang auf Sex verzichtete, imponierte ihr gar sehr. Mitspieler Passano, den Casanova als höchsten Hohepriester der Rosenkreuzer ausgab, des herrlichen Namens Querilint, wußte auf die hochgestochenen mystischen Fragen der Marquise kaum angemessen zu antworten, stattdessen gähnte er, stank nach Syphilis-Salbe und ließ es ohnedies an Tischmanieren fehlen, weshalb sie ihn für geistesabwesend hielt und die Rosenkreuzer für unglücksbedroht – und Casanovas etwas mundfaulen oder auch begriffstutzigen Bruder für schwachsinnig bzw. für bedürftig, einen Luftgeist eingepflanzt zu bekommen, um etwas göttlicher zu werden. Nach dieser Operation werde er ihr dann vernünftig entgegentreten, meinte sie. Sie bekam einen Brief vom Mond zugespielt, eine Gebrauchsanweisung: Als Weihegabe für die sieben Planeten sollte sie sieben Pakete in einer Kiste ins Meer bei Marseille werfen, voll mit Gold, Juwelen, gebackenen Diamanten (die von Casanova heimlich gegen weniger kostbares Blei ausgetauscht wurden), und sich zu einer kabbalistisch sinnreichen Mondzeit von Casanova schwängern lassen, dann würde sie in ihrem eigenen Sohn wiedergeboren – für 20000 Francs pro Jahr. Hierzu mußte der Betrüger eine alchymistische Hochzeit mit ihr durchführen, drei Kopulationen, von exakt abgemessenen Stundenzahlen, zeitlich festgelegten Sternstunden zugeordnet, durchaus eine Crux für den Galan, der die Neunundfünzigjährige, die er als »schön, aber alt« beschrieb, d.h. deren Alter er – seiner Liebhaberin und Mitbetrügerin Marcolina gegenüber – mit siebzig angab. Zur Einstimmung betete man selbander im Mondlicht am Strand zur Mondgottheit Selenis. Ohne rechten Mumm und auch ahnend, daß diese Séance nicht die attraktivste sein könnte, zog er das selbstangerührte Zeremoniell durch, konnte seine ausdauernde Potenz nur über 65 vorbestimmte Porno-Minuten aufrechterhalten, optisch angespornt und aufgepeitscht von den Reizen der anwesenden, angeblich stummen (weil sie nicht Französisch konnte), aber nicht tauben Dienerin, des nackten Wassergeistes Undine, d.h. Marcolina, der er zusah und die die beiden Ritualpartner in den Kunstpausen zwischen den Kohabitationen sowie vorher und hinterher liebreich zu waschen hatte, wofür sie von Semiramis ein Kollier bekam. Doch der Lustdämpfer der welken Haut und der schöngewesenen Brüste veranlaßte, daß der Herold ziemlich schuften, schwitzen – wobei ihm Pomade und Puder im Stirnschweiß herabfloß – und die zweite und dritte geschlechtliche Lustlösung zwecks zeugungsfähiger Vertragserfüllung vortäuschen mußte und sich die ultimative Verausgabung aufhob für die junge, also reizvollere Marcolina. Der Madame gefiel die wollüstige Anstrengung ihres mystischen Gemahls, aufglühend trug sie ihm Heirat an und fühlte die anvisierte männliche Seele prompt in sich aufzüngeln, insofern, als sie bereits während der heiligen Rammel-Prozedur sich ins Undinemädchen verliebt hatte. Sie betete gerührt zu Orosmasis, genauer mit ihr plaudern und schlafen zu dürfen, fragte sich, ob sie als Wassergeschöpf einen Wassergeist als Liebhaber habe, und wunderte sich, daß sie, trotz ihrer Stummheit, nicht taub sei. Hinterher, als Nachbereitung, gab's dann noch Sühneandachten an Saturn und allerlei magisches Weinausgießen zwischen Flußufern. Und der Chevalier dachte angestrengt drüber nach, wie er die lästige Selbstgebärerin, die in der Stunde ihrer Niederkunft und Neueinleibung zu sterben gedachte, nun wieder abwimmeln könne. Sein Bruder warf ihm vor, er würde die überkandidelte Madame durch seine gottlosen Lügen zugrunderichten, er aber verteidigte sich mit stimmiger Argumentatio: Hätte jemand sie aufgeklärt über den Humbug, den sie produzierte und auf den sie hereinfiel, hätt sie sich der Wahrheit gesperrt, um ihre ganze Welt, die dann zusammengebrochen wäre, aufrechtzuerhalten. Eine urbekannte miese Argumentation: Wenn er sie nicht betrogen hätte, hätte sie ein anderer betrogen. Doch Passano ließ Casanovas magische Spiegelei auffliegen, doch siehe: Die Marquise las den Enthüllungsbrief nicht, weil sie spürte, daß die fiese Wahrheit aus barbarischen Lügen bestehe. Bei späteren Wiedersehn mit ihrem Betrüger stieß sie Freudenschreie aus und hatte das Wiedersehn jeweils intuitiv exakt vorausgesehn und vorher in verschlossenen Briefchen verblüffend niedergelegt. Zwischendurch kursierte dann auch mal die Fama, sie habe sich mit Paracelsus überdosierter Panacea vergiftet. Dann lebte sie aber doch noch weiter. Ihre Story schleppte sich stückweise durch mehrere Bände von Casanovas Erinnerungswerk, vielfach unterbrochen von anderen Ereignissen.

Im überregionalen Rückblick handelte es sich bei der Marquise um eine später so genannte Esoterikerin, mit Parallelen zu Madame Blavatsky, wenn nicht gar Neuen Hexen oder der Engelsbeterin Silvia Wallimann.

Worte der Marquise d'Urfé: Die Wassergeister haben eine Gebärdensprache, die man lernen kann.

Die Marquise d'Urfé über sich selbst: Dann wird also Querilint meine Wiedergeburt aus mir selbst bewirken. Davon bin ich überzeugt. Mein Genius bestätigte es mir jede Nacht. Fragen Sie Paralis, ob die vorbereiteten Geschenke so angemessen sind, daß Seramis sie einem Oberhaupt der Rosenkreuzer überreichen kann. – Wenn ich im nächsten Februar als Mann wiedergeboren werden soll, wer wird dann für mich sorgen, wenn nicht Sie? Gott weiß, wem ich sonst in die Hände falle.

Andere über die Marquise d'Urfé: Die genauen Umstände dieses Wiedersehens würden den Leser langweilen, denn er fände die Äußerungen dieser armen Frau, die in die falscheste und unsinnigste aller Ideen verrannt, recht unzusammenhängend und auch in meinen Antworten weder einen Sinn noch eine Wahrheit, nicht einmal eine Wahrscheinlichkeit. – Mehrmals hatte sie mir gesagt, sie sei bereit, mir ihr ganzes Vermögen zu geben, um ein Mann zu werden. – Sie überlegte ganz richtig, ging dabei aber von unsinnigen Voraussetzungen aus und konnte mir nur Mitleid einflößen. – So wie sie beschaffen war, konnte sie nur an Hirngespinsten Freude finden. (*Giacomo Casanova*)

Marquise d'Urfé – verlorene Seele gibt ihr Leben für Naturgeister.

Drama eines religiös begabten Mädchens

Emerentia von M., genannt Meretlein – Zöglingin, Naturkind, Hexenmädchen (1706–1713)

Das zartgebaute, feine, kluge Mädchen stammte aus begüterten Verhältnissen. Daß sich ein Kind in der Frühlingsnatur wohler fühlte als im düsteren Beichtstuhl, fand man hochbedenklich, wurde ihr zum Nachteil ausgelegt und zum Verhängnis. Sie zeigte sich dem Beten gegenüber abgeneigt und wurde wegen dieser und anderer Aufmüpfigkeit von ihren adligen, orthodoxen, verzweifelten Eltern in die Obhut eines sittenstrengen Pfarrherrn gegeben (wie nachmals der geisteskranke Dichter Reinhold Lenz dem Vater der Vorschulpädagogik, Johann Friedrich Oberlin). Der gestrenge Gottesmann (Name nicht überliefert) deutete die Angst des Mädchens vor dem schwarzen Mann auf der Kanzel (eine Angst, die sie mit anderen Naturkindern, wie Kaspar Hauser, teilte) zeitgemäß, bzw. seiner Charakterstruktur gemäß, als Teufelsbesessenheit. Der intolerante Christ ging, beim sensibelsten Seelchen, mit gerechter Strenge, sprich: Rutenzüchtigung, das Problem an. In diesem Kind schien das Heidentum – insgesamt eigentlich seit Jahrhunderten überwunden – noch mal unkontrollierbar hervorzubrechen. Emerentia wurde zur Strafe eingesperrt in der Speckkammer, sang alldort wie die drei seligen Männer im Feuerofen, aber weil sie Kirchenlieder zu persiflieren schien, wurde ihr alsogleich ein weiterer Strick gedreht. Ein nächstes untrügliches Indiz folgte dem anderen. Zwischen den Eltern und dem Lehrherrn, der pedantisch Buch führte, todernst um das Seelenheil seiner Schutzbefohlenen bemüht, kursierten Kostgeldquittungen und immer besorgtere Berichterstattungen. Er ließ das Kind im Bußkleid laufen und verhängte, als sie mit Bauernkindern nackt im Holzweiher badete, also Unfug trieb, Kontaktsperre und immer schärfere Strafen. War mal jemand nett zu ihr, taute die kleine Emerentia auf, lachte, tanzte, was der gestrenge Pfarrherr sofort abwürgte. Er nahm auch den Maler, der sie auf elterlichen Auftrag malen sollte, ernst ins Gebet, verlangte von ihm, nicht allzu freundlich zu ihr zu sein. Französischkunde wie Spinettunterricht wurden der kleinen Merete ersatzlos gestrichen. Sie büxte aus und machte sich im Wald ein Blumenkrönlein wie Ophelia, was aber nur neue Maßregelung und Einschränkung auslöste. Immer öfter erkrankte sie und – verstummte. Ein Arzt, der sich anbot, die Pflege des Kindes zu übernehmen, wurde vom Pfarrherrn eifersüchtig ausgetrickst. Eine grüne Naturlaube, die sie sich in den Stangenbohnen des Pfarrgartens einrichtete, wie vormals der junge Jean-Jacques Rousseau, wurde zunächst geduldet, dann aber untersagt, weil sie dort mit giftigen Schlangen spielte. Eines Tages fand man das Meretlein, die lang gekränkelt hatte, tot in dieser grünen Bohnenhöhle. Aufwendige Beerdigungsvorbereitung wurde eingeleitet; die unglücklichen Eltern reisten an. Beim Aufbahren aber sprang das tote Mädchen auf – scheintot! – und floh in den Wald, wo sie dann wirklich zusammenbrach und leider Gottes verstarb.

Alsbald wucherten rundum immer nachträglichere Legenden. Unberechtigter Abscheu und verspätete Zuneigung vermengten sich immer widersprüchlicher. Aus späterer aufgeklärter und kinderpsychologischer Sicht handelte es sich bloß um das übliche »Drama des begabten Kindes«, um völlig harmlose Naturliebe, vor Ort aber wurde unnötigerweise, verblendeterweise, ein liebenswertes, überdurchschnittlich schönes und begabtes Mädchen zum Hexenkind umgedeutet und postum nicht sofort rehabilitiert, sondern abergläubisch ausstaffiert. Die Tauben hatte sie – hieß es nun – damals so verhext, daß nach deren Verzehr der ehrwürdige Herr Pfarrer Leibschmerzen bekommen hatte. Und das unselige Meretlein hätte die Forellen dergestalt bezaubert, daß die Fische närrische Tänze im Bach aufführten. Jeder Gast verguckte und verliebte sich sofort unsterblich in die siebenjährige Emerentia; namentlich auch der Kunstmaler wurde augenblicks zum obsessiven Humbert Humbert. Die einzigen Hinterlassenschaften: jenes Ölbildporträt eines anonymen Kindes, 56,7 x 55,8 cm, widersprüchlicherweise 1623 entstanden, heute befindlich in der Zentralbibliothek Zürich, und die tendenziösen Notate des anonymen Pfarrherrn, die dem jungen Gottfried Keller vorlagen und die er seinem »Grünen Heinrich« auszugsweise inkorporierte, hierbei auch mal fünf Monate Berichterstattung übersprang. Andere Vergleichsberichte liegen nicht vor. Alles muß zwischen den Zeilen geistlicher Vorurteile und Verblendungen des frühen achtzehnten Jahrhunderts herausgelesen werden. Mit keinem Wort verurteilt Gottfried Keller den schuldigen Pfarrer – oder war dieser nur deshalb so hartherzig, weil der Dichter es so wollte? War alles nur fiktiv? Falls ja, wäre das unaushaltbar enttäuschend. Falls aber alles so stattfand, wäre das unsagbar empörend und so oder so unaushaltbar verkehrt und grundfalsch gelaufen. Im Casus der kleinen Meretlein wiederholte sich ein Drama aus dem »Glöckner von Notre Dame«, nämlich das Leid der Zigeunerin Esmeralda mit dem strengen Domprobst Dom Claude Frollo, diesem prinzipienstrengen Hardliner, dessen Archetypus sich dann noch mal reinkarnierte im Bischof aus Ingmar Bergmans Familienchronik »Fanny und Alexander«. Das kleine Meretlein nahm ein Nymphchen vorweg, vom Typus Lolita, das Vladimir Nabokov mit Lilith verglich, allerdings im Falle des Meretlein ein zeitgebunden durchspiritualisiertes Dämonenkind, statt amerikanisiert: naturmystisch durchseelt.

Das kleine Meretlein – ein Pfarrer hat ihr Leids getan.

Andere über das kleine Meretlein: Noch nie habe ich aber ein so schönes, liebliches und geistreiches Kinderantlitz gesehen wie das blasse Gesicht dieses Mädchens; es war eher schmal als rund, eine tiefe Trauer lag darin, die glänzenden dunklen Augen sahen voller Schwermut und wie um Hilfe flehend auf den Beschauer, während um den geschlossenen Mund eine leise Spur von Schalkheit oder lächelnder Bitterkeit schwebte. (*Gottfried Keller, 1854*) – Und wie im selbigen Moment die Strahlen Phöbi seltsam und stechend durch die Wolken gedrungen, so hat es in seinem gelblichen Brokat und mit dem glitzrigen Krönlein ausgesehen wie ein Feyen- oder Koboltskind. (*Aus den Notaten des von Gottfried Keller überlieferten anonymen Pfarrherrn*)

Lieber Dornenkrone statt Blumenstrauß

Anna Katharina Emmerich, die »Seherin von Dülmen« – Wandernäherin, Augustinerschwester, Gottesdienerin, Dulderin, Schmerzensfrau, Leidensbraut, Stigmaträgerin (1774–1824)

Von neun Kindern die Fünfte – ging sie mit ihren Eltern, unbegüterten Köttersleuten, aufs Feld, so war sie gar nicht richtig auf Erden. Sie ging in dumpfem, wirrem Traum, zu dem sie sich aus Klarheit und himmlischer Wahrheit erst runterbeugen mußte. Oft fühlte sie sich vor Tagesanbruch von Irrlichtern begleitet, die sie paarweise bis zur Brust begleiteten und die dergestalt sternhell schienen, daß sie, laut Selbstaussage, alle Sterne unterscheiden konnte. Oft betete sie mit ausgebreiteten Armen in der Natur, um zu Gott zurückzufinden, vor der ersten Beichte mit sieben so zerknirscht und erwartungsbang, daß sie auf dem Hinweg zur Kirche zusammenbrach. Als Dienstmädchen ging sie nie zur Lustbarkeit, immer nur zur Kirche. Die Näherin wurde dann Novizin. Sobald im Nonnenkloster Agnetenberg in Dülmen ihr Blick auf neugiererweckende Weltdinge fiel, schlug sie sofort züchtig die Augen nieder. Besonders wohlschmeckende Dinge aß sie nicht. Ihren Leib peinigte sie freiwillig mit Nesseln, Stricken, Bußgürteln, Drahtzilizium und Bußkapulier aus Roßhaar. Ihre Mitschwestern, die sie bei leisem Gebet durch lautes Beten nervte, wurden ihr unfreiwillig zu Plagegeistern. Einmal wurde ihr Drang nach Eucharistie so stark, daß sie nachts im Winter einen betagten Priester aufweckte und bedrängte. Geschlechtlichkeit fand sie widerlich und klagte Gott, das habe er doch anders einrichten können. Ihre Nächsten liebte sie mehr als sich selbst und haßte nie und hätte für jeden ihr Blut hingegeben. Selbst beim Essen unterhielt sie sich in großer Vertraulichkeit, ja geradezu dreist mit Gott. Sie wagte sogar mit Gott zu zanken; sie warf ihm vor, daß er seine Verheißungen nicht einhalte, und wieso er dann von seinen Geschöpfen verlange, daß sie alles einhalten. Als Jesus ihr einen Blumenstrauß anbot, oder wahlweise die Dornenkrone, ergriff sie ohne Zögern und Besinnung sofort die Dornenkrone, zu Lebzeit des Gotthold Ephraim Lessing, der 45 Jahre früher als sie geboren wurde und bei der Wahl zwischen Gott und Wahrheit ohne Zögern eher zur Wahrheit gegriffen hätte.

Bibelgeschichten sah sie plastisch vor sich, hyperreal, inhaltlich oft etwas anders, als geschrieben stand, immer im Sinne »So also war's wirklich«, und wunderte sich, daß das nicht jeder andere auch so sah, persönliche Visionen als evidente, einzige Realität. Jede Bibelzeile setzte sich der bitter leidenden, dauerhaft bettlägerigen Visionärin sofort in einen inneren Film um, um vieles detailreicher als die Evangelien, bis hin zu den Schwielen an den Füßen Jesu, vom Barfußgehn, dicken Wadenmuskeln, und dem roten Brustfell von Johannes dem Täufer, das das NT verschwieg, und daß man für den Garten Gethsemane einen Schlüssel brauchte oder daß auf dem Passionsweg ein Engel den kreuztragenden Erlöser mit einem leucht-

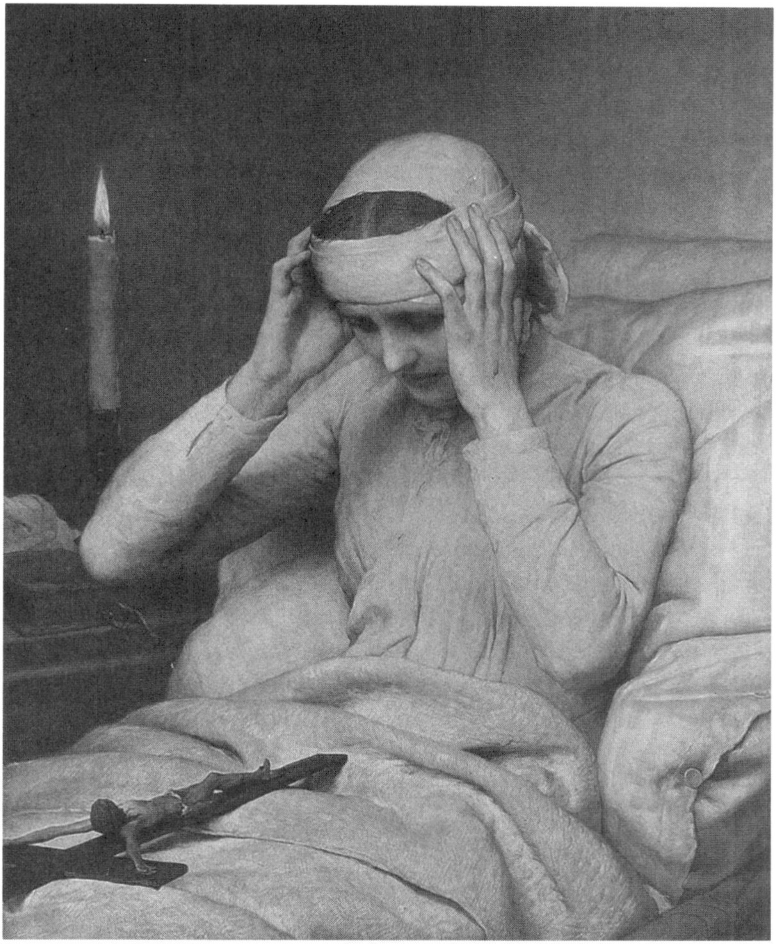

Anna Katharina Emmerich: »Ein Gedanke an Gott ist mir mehr als die ganze Welt.«

ender Bissen gefüttert habe. Sie sah auch die einzelnen Verbrechen des Barnabas, vergaß sie aber gleich wieder und konnte sie nicht bekanntgeben, dafür aber den Namen der Gattin des Pontius Pilatus: Claudia Procles oder den Namen des von Jesus geheilten Blinden: Ctesiphons. Vier Elohim hießen bei ihr Raphiel, Etophiel, Selathiel, Emanaelu. Von stürzenden Engeln stürzten die reuigen weniger schlimm und bekamen einen gemäßigten Aufenthalt am Schwarzen Meer. Ihre Visionen formte die Emmerich nicht nach Lukas; denn ihr Petrus brauste zwar auf, schlug aber kein Ohr ab. Sie wohnte in ihren Visionen wie im 3-D-Breitwandkino, und es ward ihr vergönnt, im Soundtrack sogar die Hammerschläge mitzuzählen, mit denen Jesus ans Kreuz geschlagen wurde, nämlich mit exakt 36 Hammerschlägen, alles so hautnah und grausam wie in der Verfilmung später von Mel Gibson.

Sie betete zum Heiland, er möge sein unnennbares Leid sie empfinden lassen, und dies gewährte er reichlich. Die Gnade, leiden zu dürfen, brannte als schwarzes Feuer in ihr. Sie betete des weiteren darum, bitte keiner Stigmata gewürdigt zu werden, doch dies Gebet wurde nicht erhört. 1812 empfing die westfälische Nonne ebendiese unerwünschten Stigmata: Zwei davon bluteten nur an zwei Wochentagen; ein drittes blutete unregelmäßig. Ständig mußte sie eine Kopfbinde tragen, unter der das reelle Blut ihrer imaginären Dornenkrone, die Jesus selbst ihr visionär aufgesetzt hatte, hervorsickerte. Als strenge amtliche Untersuchung angekündigt wurde, verschwanden die Wunderzeichen. Die letzten zwölf Jahre litt sie an Bettlägerigkeit.

Ab 1818 kam Clemens Brentano, kurz vorher äußerst katholisch geworden, an ihr Krankenlager, fünf Jahre lang täglich. Er bekam anfangs Probleme mit ihrem Münsterland-Dialekt, aber ihre Jesusgesichte zeichnete er treulich auf, auf 16000 Folioseiten, oft ohne Rücksicht auf ihre Erschöpfung und dergestalt besessen und aufdringlich, daß ihm auf den Schluß zu der Besuch verboten wurde. Daß er etliche Passagen ausschmückte, versuchte sie zu verhindern mit dem Argument, sie könne das nicht sagen, wenn sie das nicht gesehen habe. Seine aufgebesserten, d.h. wohlmeinend manipulierten Mitschriften verkauften sich besser als seine eigenen Bücher. Ihre lichtvollen Visionen stiegen hervor auf der Basis ihrer Gebrechen – Pyknolepsie, Rheumatismen, Bauchweh, Pleuritis, Hepatitis, Decubitus, Gicht, Augenentzündungen, konvulsivisches Husten und Erbrechen, hartnäckigen Katarrhe, Wechselfieber, Wassersucht – Gegenmittel: Opium- und Moschustinktur. Trotz Aufklärung und mitten in der Romantik funktionierte die Jesusbraut Emmerich, deren Namen Brentano »Emmerick« schrieb, ungestört vollkommen spätgotisch – Mittelalter allüberall und romantische Sehnsucht zurück dorthin eigentlich unnötig!

Alle Schriften über Katharina Emmerich wurden dann von der Resi von Konnersreuth (Therese Neumann) fleißig studiert, alles bis in Details nachgeahmt, vor allem die blutigen Selbstzufügungen, die dann als echte Stigmata bewundert wurden, aber der Unschuld beraubt und planmäßig fabriziert, bis sie berühmter wurde als das Ausgangsmodell. Nicht nur die Naturgesetzbrecherin wurde gern mal entlarvt und die Entlarvungen vom Vatikan unter Verschluß gehalten; auch Emmerick-Evangelist Brentano wurde als notorischer Interpolateur enthüllt. Katharina Emmerichs Seligsprechungsprozeß haperte im 19. Jahrhundert vor sich hin, schlief ad acta ein, bis dann doch noch der freigebige Papst Johannes Paul II. sich zwar vom Wahrheitsgehalt ihrer Visionen distanzierte, sie aber dennoch 2004 seligsprach. Im Emmerichfilm »Das Gelübde«, von Dominik Graf, 2007, nach dem Roman von Kai Meyers von 1998, sah sich die Nonne viel ähnlicher als Brentano dem historischen Brentano.

Worte von Anna Katharina Emmerich: Die Kometen sind voll Gift. Sie sind wie Zugvögel. Wenn nicht so große Stürme und andere Geisterwirkungen dazwischen wären, würden sie die Erde leicht verletzen. Es wohnen wunderbare Zorngeister drin. Sie haben so abgerissene Lappen drin. Es sind keine Menschen. Es sind auch keine Affen. – Die Mondgeschöpfe mit den Haaren um den Unterleib sind geschickt. Sie bauen ihre Häuser so schön in den Reihen. Sie haben kleine Türen und sind wie offen. Es sind auch viele Obstbäume in Reihen und ordentlich da. Getreide habe ich nicht gesehen und kein Kreuz noch ander Bild. Die Seelen, welche ich sich immer in den Schatten verbergen sehe, scheinen leid- und freudlos, als an einem Strafort hier, bis zum Gericht. – Es ist, als liege ein finsterer Himmel voll blutroter Wolken, feuriger Strafruten und Schwerter über dem rasenden Volke. Es ist, als wenn ich die Strahlen dieses Fluches all ihr Mark und Bein und bis auf die Kinder im Mutterleibe durchdringen sähe. – Jesus aber sprach etwa Worte wie: »O wohl besser wäre es dir, nicht geboren zu sein.« Doch erinnere ich mich dieser Worte nicht mehr ganz bestimmt.

Anna Katharina Emmerich über sich: Ich hatte mich meinem himmlischen Bräutigam ganz hingegeben, und er tat mit mir, was er wollte. – Ich sah nach keinem Fremden, keinem Putz, ich sagte zu mir: Schau nicht hin! Das könnte Dich stören, Du könntest zu viel Gefallen daran kriegen! Was kann dies helfen, wenn Du es siehst? Sieh es Gott zuliebe nicht! – Ich habe mich immer, wo eine Gefahr drohte, dazwischen gestürzt. – Ich flehte auch immer zu Gott, er möge mich doch von dieser Schmach befreien, und wenn ich manchmal ängstlich fürchtete, ich möge dazu bestimmt sein wie andere meines Geschlechts, tröstete mich die Erfahrung, daß ich doch die Neigung zur Ehe und zu Männern in anderen Mägden gar nicht verstehen konnte und nie eine Empfindung hatte, welche sich auf dergleichen beziehen konnte. – Als Kind und auch später habe ich oft in großer Vertraulichkeit mit Gott gezankt, daß er dieses und jenes so gemacht. – Besonders unzufrieden war ich mit der Fortpflanzung der Menschen, von deren traurigem und erniedrigendem Geheimnis ich durch Gottes Gnade auf eine übernatürliche, geheimnisvolle und unverletzende Weise unterrichtet wurde, nicht von Menschen, nicht durch Neugier, sondern durch die Belehrung Gottes, und zwar so, daß ich es nicht weiß, wie. Diese Sache kannte ich längst, als ich noch gar keinen Begriff von der Fortpflanzung der Tiere hatte, und ich lebte doch unter den Tieren, in ihrer Nähe, in ihrem Stall. – Ach, möchte ich doch gleich tot vor der Türe niederfallen, damit ich Gott nie beleidigte! – Ruhig leiden zu können, hat mir immer der beneidenswerteste Zustand auf Erden erschienen. – Bald muß ich verschmachten, bald stürzen alle Mittel auf mich ein. Aber auch dies muß ertragen werden. – Da mich die Eltern oft tadelten, aber niemals lobten, ich aber doch andere Kinder von ihren Eltern loben hörte, so hielt ich mich für das schlechteste Kind in der Welt, und mir war oft sehr bange, als möchte ich übel bei Gott stehen.

Andere über Anna Katharina Emmerich: Das ganze Leben dieses rührenden Wesens ist durch die unendlichen körperlichen und geistigen Leiden eine ununterbrochene Marter und durch unverständige, zudringliche Besucher zerrissen und gestört. (*Clemens Brentano, 1825*) – Auffallend ist, wie oft Katharina Emmericks Urteile über Mitschwestern keineswegs von besonderer Nächstenliebe geprägt zu sein scheinen, – was man sicherlich als Folge ihres gestörten Verhältnisses zu der Wirklichkeit bezeichnen kann. So fällt auf, daß sie gerne Menschen ihrer Umgebung des Diebstahls verdächtigt hat. (*Josef Hanauer, 1979*) – Freiwillig bevorzugte sie Bitteres vor Schönem. (*www.kathpedia.com, 2012*)

Die voluminöse Sphinx des neunzehnten Jahrhunderts

Helena Petrowna Blavatsky, Okkultistin, Theosophin, Weltlehrerin (1831–1891)

Die Tochter des Offiziers Peter von Hahn – Helena Hahn von Rottenstein bzw. Andreyewna –, geboren in Dnjepropetrowsk (Jekaterinoslaw, heute ukrainisch), der vom Kulissenzauberer Potemkin entworfenen und halbfertig gelassenen Sommerresidenz für Katharina die Große, wuchs hervor aus dem Adelsgeschlecht der Dolgorukows, als ein pummeliges Kind, teils verhätschelt, teils vernachlässigt als Made im Speck, weniger freundlich gesagt: als verfressener Balg, kränklich, nicht ohne aufbrausendes Temperament, begabt mit eisernem Willen, maskuliner Ausstrahlung, manipulativem Charakter, gepaart mit himmelblauem Augenaufschlag und hypersensibler Nervosität, was Schutzgeister und Klopfzeichen anbetraf. Bereits bei ihrer Taufe entstand ein Brand, bei dem der Priester Verbrennungen davontrug. Infiziert vom Aberglauben der Dienerschaft, drehte Sedmitschka, wie sie das Mädchen nannten, den dämonisch besetzten Spieß um, jagte dem Personal Koboldangst ein. Ein Leibeigener, dem sie eine Roussalka einredete, ertrank. Besorgte Eltern prügelten, exorzierten, ertränkten das Enfant terrible schier in Weihwasser – nichts half. Mit acht wurde sie Halbwaise, kam sie ins Naturalienkabinett ihres (als Alchimist gescheiterten) Großvaters, wo okkulte Bibliothek, Paracelsus, Agrippa von Nettesheim, Albertus Magnus weitere Grundsteine legten, zeitweise in Saratow und Sankt Petersburg. Eine Gouvernante spottete, sie sei zu häßlich, um je einen Mann zu finden. Da heiratete sie 1848 prompt den erstbesten glatzköpfigen, dreiundvierzigjährigen Langweiler, den Vizegouverneur Nikifor V. Blavatsky. Sie ließ ein störrisch abgewandeltes Jawort hören und verweigerte sämtliche eheliche Pflichten, floh als Jelena P. Blavazkaja aus Eriwan zurück ins unerfreute Elternhaus, dann über Odessa in Matrosenkleidern unter englischer Flagge nach Konstantinopel. Zehn Wanderjahre lang wirkte sie als Zureiterin, Klavierlehrerin, Kunstblumenfabrikantin, Assistentin des Mediums Daniel Dunglas Home, kam als Begleitdame reisender, esoterisch ausgehungerter Gräfinnen und Luxusaristokratinnen nach Ägypten und London. Ihre Kapriziösitäten als Haschisch- und Kettenraucherin steigerte sie beharrlich, täglich zweihundert Stück. Mit ihren Data und Personalia ging sie dichterisch frei und durchschaubar um (wie Else Lasker-Schüler, Osho alias Bhagwan Shree Rajneesh, Jürgen von der Wense); sie reiste durch den Kaukasus, Mongolei, Türkei, Paris, London, Bombay, Allahabad, Simla, Gudscharat, Madras, Westindische Inseln, Ceylon, Cypern, Tibet, Kanada, New Orleans, Würzburg, Rocky Mountains, Kashmir, Sibirien, Birma, Java, Rußland, Italien, Balkan, Venedig, Palästina, Bukarest, Imeretien; sie nahm sogar an der Schlacht von Mentana unter Garibaldi teil. 1860 gebar sie den schwerstbehinderten Juri, der fünfjährig starb. Enttäuschung über verliebte Zufallsbekanntschaften überwand sie mit dem inneren Auftrag, die Menschheit zu befreien aus geistiger Versklavung und Erstarrung. Gern bezeichnete sie ihre Gesichtszüge als »kalmückisch-buddhistisch-tatarisch«; von Meister Georg Iwanowitsch Gurdjieff übernahm sie den starr durchdringenden Blick als strategische Waffe sowie die Suche und angebliche Findung und Ausforschung von tibetischen und koptischen Geheimlehrern, Priestern, Drusen, Mystikern, anstelle der spiritistisch üblichen Befragung Verstorbener durch Medien. Daß 1875 ihr ›Miracle Club‹, um alle Anrüchigkeit abzustreifen, sich hochtrabend aufwertete zur ›Theosophischen Gesellschaft‹ (Wahlspruch: »Keine Religion ist höher als die Wahrheit«), variierte den religionshistorischen Übergang von Magie zu Hochreligion, wie im Casus Milarepa, offenbarte also wider Willen fließende Übergänge zwischen Club & Society, spiritistischem Budenzauber und seriöser Geheimgesellschaft, wenn nicht gar zwischen Geisterglaube und Geisteswissenschaften. Der Zustrom dubiöser Gestalten bewog sie aber, die Gesellschaft zeitweise wieder zu schließen.

In Indien stießen ihre mystischen Taschenspielertricks wie psychische Telegraphie, Telekinetik oder Objektlevitation auf wenig verblüffte Gegenliebe; eingeweihte Gurus winkten müde ab. Der britischen Kolonialregierung machte HBP (so nannten ihre Anhänger sie) sich als russische Spionin verdächtig, und christliche Missionare verübelten ihr, daß sie und ihr prophetenbärtiger Bewunderer, Mitstreiter und Gatte Henry Steel Olcott auf Ceylon zum Buddhismus übertraten. Ihr ausuferndes Körperformat – 245 Pfund Lebendgewicht bei möglichst wenig Bewegung – korrespondierte stimmig mit ihren noch hundertmal umfänglicheren Werken: 1877 stemmte und wuchtete sie HBP erstes Hauptwerk »Isis Unveiled« hervor, verfaßt in New York; inhaltlicher Wildwuchs speiste sich aus Kabbala, Eliphas Levi, Ägyptologie, Gnostizismus, Hermetismus, Neoplatonismus, zeitgenössischen Magie-Enzyklopädien, vergleichender Religionswissenschaft, Steinbruchmasse, die sie in ein Gigantgebräu und Gesamtsystem aus Umbewertungen zusammenquirlte. Aus allen Fragmenten destillierte sie als Hierophantin, Hermina psychopompa, Exarchin die Urlehren eines allübergeifenden Urwissens hervor. Es ging unbedingt ums große Ganze, die Durchsichtigmachung der vorhandenen, verdorbenen und verflachten Irrlehren, die die übriggebliebenen, vorhandenen offiziellen Weltreligionen, um bessere Quellenerschließung, also Religionskritik, um Synopsis und Synthesis aller Geheimlehren. Da blätterten sich Kapitel auf wie »Emanation des objektiven Universums aus dem subjektiven«, »Laren und Lemuren«, »Das Pantheon des Nihilismus«, »Brahminischer Geisterverkehr« oder auch Thesen wie »Beinahe jede Mythe beruht auf einer großen Wahrheit«, darunter auch hochmysteriöse Titel wie »Jehova identisch mit Bacchus«. HBP kreiste um Psychometrie, Seelenblindheit, Dämonen des Porphyros, Ätherraum, empyreische Sphäre, Mondväter, um die siebenfältige Saphira, ums aurische Ei, das Weltall der Ideen, Sophia-Achamoth, Äonen (Sternengeister), arkanische Exklusivitäten à la Pleroma, Pylander, um die Wechselbeziehung von Engeln und Affen, um Trunkenbolde im Kama Loka, um die Parzufim (kabbalistische Gesichter). Die entschleierte Isis, selber schon ein schwer besteigliches, kaum durchschwimmbares Gigantgebäude oder -gebirge, wurde 1888 von HBP noch monströser aufgestockt, ausgebaut, hinterfangen, überwölbt, durch ein Mythopoem, dreiteilig, sehr mehrbändig: The Sacred bzw. ›The Secret Doctrine‹, mit Endlos-Index, voll mit reizvollsten Kapiteln wie »Das größte Verbrechen der Menschheit«, »Abenteuer eines Atoms«, »Satan als Zentrifugalkraft«; ein Klangteppich oder Mammutozean aus prä-adamitischen Rassen, unreinen Medien, absolutem Pralaya, chemischen Göttern, Globen und Monaden, abgeplatteten Sphäroiden. HPB räsonierte über die phallische Bedeutung der Kreuzigungsnägel, streifte Preziositäten wie das Adfytun = das Sanctum Sanctorum und seine Erniedrigung, kurzum: ihr gings in jedem Moment um Paramarthasatya (absolute Wahrheit). Weder Keilschriftbuchstaben noch Kartoffelkrankheiten wurden umgangen. Etliche Kapiteltitel schossen zu Aphorismen zusammen: »Ein persönlicher ist ein endlicher Gott«, oder »Das Absolute kennt sich selber nicht.« Als spinnerten Talmud oder flachschürfenden Humbug und Kokolores ließ sich dieses vielsträhnige, bengalisch leuchtende Gigantwerk wahrlich nicht abtun. Dann ein weiterer Meilenstein zur Generalabgleichung von östlicher Weisheit und westlichem Monismus; dann 1889:

»The Key Theosophie«, wissenschaftlich unabgesichert, dafür umso lebendiger und einfallsreicher, alle drei Werke: 13000 Seiten.

Materialismus definierte sie sinnreich als Bastardgeburt der Französischen Revolution und hielt es für möglich, daß er die ganze Welt würde dominieren können. Was sie über Atome sagte, stand kraß im Widerspruch zu damaligen Atomtheorien, näherte sich stattdessen den Atom-, ja Stringtheorien von 1990f. Ihre okkulte Lehre von den drei Arten des Lichtes ließ sich allerdings nicht mit den Lichtjahren neuzeitlicher Kosmologie irgend abgleichen. Die Swastika (das indische Hakenkreuz) wurde bereits seit alters von christlichen Missionaren, laut HPB, als »Zeichen des Teufels« bezeichnet. In jedem Jahrhundert würden neun Yogis aus Tibet ein Medium suchen, um die Welt umzulenken.

Madame Blavatsky: »Ich lebe ein künstliches Leben; ich bin ein Automat, der mit Volldampf läuft, bis die Kraft, den Dampf zu erzeugen, anhält, und dann – auf Wiedersehen!«

Manchmal starb sie fast an mysteriösen Wunden, Herz- und Nierenleiden, behaftet zudem mit Rheuma und Gicht, um kurz danach wieder völlig geheilt weiterzuwirken, unverwüstlich vital, von gargantuesker Urkraft, hielt sie weiterhin Zigaretten oder orientalische Pfeifen zwischen dickberingten Wurstfingern. Ein Wissenschaftler, der sie als Scharlatanin entlarven wollte, erschrak bei der Audienz, als sich in den Wänden dämonischer Aufruhr erhob, als kauten Ratten im Stein, was sie zurückpfiff: »Pfui Teufel, ich brauch euch doch nicht!«, und wurde prompt Theosoph. Schlimmere Heimsuchungen hatte sie unverwüstlich überlebt und starb dann an gemeiner Grippe. Ihre letzten Worte: »Keep the line unbroken!«

HPB stieg einsam umwimmelt auf als monumentale Blase, aus der Esoterik des 19. Jahrhunderts, aus Mesmerismus, Swedenborgianismus, amerikanischem Spiritualismus und Okkultismus. Superlative, in denen viele von ihr redeten, steigerten sich postum: Ihre Adepten und Schüler feierten sie als die »Sphinx des neunzehnten Jahrhunderts«, als Universalgelehrte, Magna Mater, Menschheitsführerin, ersten und einzigen weiblichen Awantar und hochpotente Materialismusvernichterin, als Mutter des New Age. Spätere überregionale und überdisziplinäre Großraumversuche hochtrabenden Welterklärungsdrangs (à la Jean Gebser, Urantia, Ken Wilber) vermochten HPB zwar als Selbstbedienungsladen ausschlachten und verballhornen, aber bis dato nie an Fülle, Stil, Gelehrtheit, Sprachkraft und auch Tiefe übergipfeln. Dr. Rudolf Steiner blickte undankbar auf sie zurück und verschleierte, daß er aus fast niemandem so linientreu als Ausblühung oder Notblüte hervorgewachsen war als aus ihr, ein bläßlich aufmüpfiger Ableger und Seitentrieb, der zählebig den powervollen Mutterstamm verbog und verriet, die kosmopolitischen und indischen Motive wieder zurückbaute, zugunsten von Christusimpuls, aber vieles wörtlich übernahm und beibehielt, von Ätherleibern und Akasha-Chronik über die Widerlegung des »Herrn Darwin«, also auch die Wahrheit, daß der Affe vom Menschen abstamme, nicht etwa umgekehrt, bis hin zu Wurzelrassen, sogar das Jahr 1975 als okkult entscheidendes Jahr nahm er unabgewandelt von ihr, eingebettet alles in Geheimnis.

Sie ward übersetzt ins Hebräische, Arabische, Tamilische, Hindi, Chinesische, Japanische, Vietnamesische sowie in europäische Sprachen. Die holländische Stil-Bewegung und die Kubisten befaßten sich positiv mit ihr, desgleichen Picasso, Cézanne, Gaugin, Kandinsky, Malewitsch, Mondrian, Delauny, Braque, Klee, Beckmann, T.S. Eliot. Das Druckverbot des Zarenreichs genau wie des Sowjetblocks wurde im späteren Rußland aufgehoben. Uneinweihbare und uninteressante Gegner nannten sie »die größte Betrügerin des Jahrhunderts«. Beide Übertreibungsparteien, autoritätssüchtige Adoranten wie chimärisch verstrickte Vom-Sockel-Reißer, verausgabten sich irreal: Wer nachträglich von HPBs »beispielloser Gelehrsamkeit« schwelgte, ahnte nichts von Leibniz, Schelling, Sir James G. Frazer, Sir Francis Galton, Rudolf Pannwitz, Ernst Fuhrmann, Fritz Mauthner, Oswald Spengler, Ernst Bloch. Wer die Blavatsky des Humbugs überführte, blickte genauso auf ernsthafte Grenzwissenschaften wie auf Nonsense herab. Hundert Jahre nach ihrem Tod zählte die Theosophische Gesellschaft

30000 Mitglieder in 55 Ländern, in Deutschland bloß Hunderte. Vor dem theosophischen Mutterhaus in Madras steht ein Banjanbaum, dessen Luftwurzeln die überquellenden Einweihungen der HPB bestens ins Pflanzliche übersetzen. Eine Autorin im 20. Jahrhundert, die annährend viel mythologischen Stoff stemmte wie Blavatsky: Barbara G. Walker.

Worte von Madame Blavatsky: Glücklich sind die Menschen, die die Sprache der Elemente verstehen. – Der kalte und künstliche Schein des modernen Materialismus wird aus Mangel an Brennstoff verschwinden. – Im Okkultismus wird alles Endliche (wie das Weltall und alles in ihm Befindliche) als »Illusion« oder »maya« bezeichnet. – Wer hingegen nach etwas verlangt, das mehr ist als das Leben des Eichhörnchens; wer nicht zufrieden ist mit einem Sturm im Wasserglas, dessen Unruhe zu nichts führt; wer die tauben Echos der toten Vergangenheit nicht für die spirituell-göttliche Stimme der Wahrheit hält, der bereite sich auf die Zukunft vor, von der er kaum zu träumen wagt, wenn er nicht zumindest die ersten wenigen Schritte auf dem Weg getan hat. – Theosophie ist der uferlose Ozean universaler Wahrheit, Liebe und Weisheit, deren Strahlen sich auf der Erde widerspiegeln, während die Theosophische Gesellschaft nur eine sichtbare Blase auf dieser Widerspiegelung ist. – Die übersinnlichen Erscheinungen sind nicht abzulehnen, ausgenommen in den Fällen des beabsichtigten Betruges. – Wird einmal der ungeheure Vogel der Arabischen Nächte oder »Arabischen Mythologie«, den Webster den Bogel Ruc (oder Roc) nennt, identifiziert worden sein, so wird die nächste Aufgabe darin bestehen zu entdecken und zu erfahren, dass Aladdins magische Lampe auch gewisse Ansprüche auf Realität erheben darf. – Zum Teufel mit dieser geschlechtlichen Liebe! Es ist ein bestialischer Appetit, der durch Unterdrückung ausgehungert werden sollte. – Dieser Logos, der im Schoße des Parabrahman schläft während des Pralaya, sowie unser »Ego latent ist (in uns) zur Zeit von Sushupti«, oder während des Schlafes, der Parabrahman nicht anders als Mûlaprakriti erkennen kann, welch letztere ein kosmischer Schleier ist, der »die mächtig ausgebreitete kosmische Materie« ist, ist somit bloß ein Werkzeug in der Weltschöpfung, durch welches die Kraft und die Weisheit von Parabrahman ausstrahlt, das dem Logos ebenso unbekannt ist, wie uns.

Madame Blavatsky über sich selbst: Ich bin durch die strengsten Regeln und Gesetze des Okkultismus zu einem Verzicht auf selbstsüchtige Erwägungen verpflichtet. – Seit jener Zeit habe ich stets ein Doppelleben geführt, geheimnisvoll und sogar mir unverständlich, bis ich zum zweiten Mal meinem immer geheimnisvollen Inder begegnete. – Drei gewöhnliche gesunde Personen könnten kaum das tun, was ich tun muß.

Andere über Madame Blavatsky: Erfüllt von ihrer eigenen Aufgeblasenheit, verkündeten sie, H.P. Blavatsky sei »die größte Betrügerin des Jahrhunderts«, weil ihre engstirnigen Gemüter sich nicht zum Verstehen der Großartigkeit ihres Geistes erheben konnten. (*Dr. Franz Hartmann, 1838–1912*) – Die abstrusesten Glaubensvorstellungen der Buddhisten werden herübergenommen, halbverstandene Bezeichnungen aus Indien werden wie bare Münze dem ungeduldigen Schüler auf den Tisch gezählt, aber der Buddhismus als Lehre wird doch (wieder mit einer esoterischen Etymologie) ein wenig beiseite geschoben, damit Frau Blavatsky als Religionsstifterin nicht im Schatten stehe. (*Fritz Mauthner, 1913*) – Kino, Expressionismus, Theosophie, Boxkämpfe, Niggertänze, Poker und Rennwetten – man wird das alles in Rom wiederfinden. (*Oswald Spengler, 1916*) – Wie die meisten theosophischen Schriftsteller behauptet auch Frau Blavatsky, sie hätte das Werk im Trancezustand geschrieben. Wir müssen zugeben, daß dieses Dekorum für theosophische Schriften oft sehr nötig ist; aber ein solch merkwürdiger Mensch, wie es Frau Blavatsky war, hätte es doch nicht nötig gehabt, sich mit einer solchen Banalität zu schmücken. (*Emil Szittya, 1923*) – Ihre Wahrheitssuche und ihr Bemühen um Weltverbrüderung brachten H.P. Blavatsky viel Ablehnung und damit auch viele Feinde ein. (*Dr. Paul Weinzweig, 1978*) – Sie datiert von nun an auch erste Kontaktaufnahmen mit ihrem »Meister M.« (*Morya*) in die dunklen Jahre vor 1873 zurück, obwohl bis zur »Isis« nur von ihrem Kontrollgeist »John King« die Rede war! (*Handbuch Religiöse Gemeinschaften, 1993*) – Sie konnte nicht anders, als mit jeder Geste, mit jedem Wort ein vernichtendes kritisches Feuer zu entfachen, besonders dann, wenn sie sich sozusagen erdreistete, die damaligen orthodoxen intellektuellen Bastionen aufs Korn zu nehmen. (*Theodore Roszak, 1982*) – Laut Steiner war sie ein so starkes Medium, daß eine okkulte Gruppe in Frankreich schon vor ihrer Geburt die Ankunft spürte, sie dann suchte und unter okkulten Schutz stellte. (*Gisela von Frankenberg: Kulturvergleichendes Lexikon, 1984*) – Eine Frau, die nach 54 aufregenden Lebensjahren, zwei Ehemännern, einer unbestimmbaren Zahl von Liebhabern und einem unehelichen Sohn feierlich beteuert, sie sei noch immer Jungfrau, kann keine gewöhnliche Lügnerin sein. (*Gregor Eisenhauer, 1994*)

Versuche, aus dem Schatten herauszutreten

Camille Claudel – Bildhauerin, Rodinschülerin, Zwangsinternierte (1864–1943)

Ihr Kindheitsparadies hieß Villeneuve-sur-Fère. Bereits mit zwölf wollte die Finanzbeamtentochter Bildhauerin werden. 1888 schuf sie in Auguste Rodins Stil eine Rodinbüste, also praktisch ein delegiertes Selbstporträt Rodins. Als ihre lieblose Mutter nach sieben Jahren herausbekam, daß sie eine Liebschaft mit dem verheirateten Rodin hatte, sah sie sie nur noch als Schandfleck. Das feinmotorische Ensemble ihrer Gebilde namens Fortuna, Aurora, Klotho, Flötenspielerin entschwebte beseelt flehend – und hochdiffizil – um nichts materieverhafteter und unbegabter ihrer tellurischen Materia als die tonnenschweren Gebilde ihres Meisters. Als Rodins Muse sich nach dreizehn Lehrjahren und Teamwork von ihrem Meister abseilte, um nicht ständig nur als Ateliersgehilfin und Adeptin ausgenutzt und wahrgenommen zu werden, half das wenig. Kritiker nannten sie weiterhin Rodinschülerin und lobten höchstenfalls, daß sie die Ideen des Maestros mit Grazie, tiefer Poesie und viel Sinn für das Dekorative ergänze. Obwohl sie schon als Jugendliche verblüffend eigenständig modellierte, lehnte sie eine Ausstellungsbeteiligung in Prag ab, um nicht aufs neue als rodinabhängig begutachtet zu werden. Neben Rodins Höllentor und Monumentalzyklen verzwergten ihre zunehmend bekleideten und sich verkleinernden Figuren zu Quisquilien.

Für gleiche Arbeit bekam sie als freie Bildhauerin zehnmal weniger Honorar als ihr Lehrer und muß es noch vier Jahre lang anmahnen und einfordern. Je weiter sie aus dem Schatten Rodins heraustrat, desto gewaltiger überblendete sein wachsender Weltruhm sie. Inspektoren monierten bei ihr »die absolute Nacktheit der menschlichen Details«, die man aber bei Rodin rückhaltlos bewunderte. Ergangene Aufträge wurden zurückgezogen. Um überhaupt etwas zu verdienen, ließ sie sich auf Konzessionen, auf unguten Publikumsgeschmack ein. Um mehr von Rodin abzuweichen, griff sie auf vorimpressionistische Gestik und Darstellung zurück. Sie bildete den umgebenden Raum mit ab, worin Schwätzerinnen lebendig und witzig die Köpfe zusammensteckten. Die einzige Einzelausstellung erhielt zwar begeisterte Kritiken, aber Kunden bestellten nichts. Wer sie voll Mitleid als notleidende und verkannte Künstlerin darstellte, veranlaßte keinen, aus Mitleid eine Skulptur bei ihr kaufen. Wer sie nicht »große Künstlerin« titulierte, nannte sie wenigstens »Künstlerin«. Wer ihr Genie absprach, rühmte ihr Talent. Sie überwarf sich mit Kunden, schrieb unflätige Briefe an Kulturbehörden. Daß es bei ihr im Atelier ziemlich chaotisch aussah, nahm man als Indiz, daß mit ihr was nicht stimmte. Man drehte ihr sogar einen

Camille Claudel: »Ich würde mich sogar lieber mit einem Platz als Dienstmagd begnügen, als so weiterleben zu müssen.«

Strick draus, daß sie ihr Leben mit Katzen zubrachte, daß sie den kollektiven Waschzwang nicht in erwünschtem Maß mitmachte, Kleidung vernachlässigte, schon als Kind einen zu starken Eigenwillen besessen und schlimmerweise »aufbrausend« gewesen wäre – wer war das je nicht? Selbst ihr Vater bezeichnete sie als »wütende Verrückte«. Werke von ihr, bei Rodin abgestellt, verschwanden mysteriös. In zwei Italienern, die in ihre verbarrikadierte Wohnung einzubrechen versuchten, erkannte sie Aktmodelle Rodins wieder. Rodin wurde in ihren Augen zum Monster und Schuft.

Ab 1904 zerstörte sie ihre Entwürfe und Produkte mit Hammerschlägen und ließ Trümmerschrott von Fuhrknechten vergraben. Seinen Tod verheimlichte man ihr, um sie bei der Beisetzung nicht dabeizuhaben. Zeitungskampagnen protestierten so beredt wie erfolglos gegen ihre absolut unfreiwillige, gewaltsame, völlig unnötige, ohne untersuchungsrichterliche Vollmacht, aber angeblich juristisch legale Einweisung und Zwangsverwahrung. Ihre Mutter setzte, um die brieflichen Hilferufe ihrer Tochter uneffektiv bleiben zu lassen, absolute Kontaktsperre durch. Ihr ständiges »Holt mich hier raus!« verklang ungehört. Die Ärzte behielten sie schulterzuckend im Bau, ausgelegt für sechshundert und vollgestopft mit zweitausend Leidenden. Sie wurde nicht beschäftigt und behandelt, nur verwahrt. Gedunsen welkte, krebste und litt sie vor sich hin. Im einzig geheizten Saal, wo sie hätte Klagebriefe schreiben können, wars zu laut, um Briefe zu schreiben. Um zwischen wortkargen Aufsichtsschwestern und tobenden Mitpatienten ein wenig humane Gesellschaft zu haben, flehte sie ihren Bruder Paul um ein Foto ihrer geliebten, toten Tante an. Ihr Bruder stellte ihre Werke kunstkritisch zwar höher als Rodins Werke, unternahm aber nichts, sie der Schmach zu entreißen. Ihre mäßigen Verfolgungsphantasien klangen ab, aber die betagte Mutter, aus Panik, sich neuen Streits und Problemen auszusetzen, behauptete, ihre Ideen seien noch genauso gefährlich. Trotz Überbelegung und schwacher Symptomatik ließ man sie nicht raus, nicht mal probeweise. Man brachte Ungereimtheiten vor, um ihre Einkerkerung zu verlängern. Daß Figuren von ihr auf einer Lokalmatadorinnen-Exhibition zwischen hausfraulichen Dilettantenramsch gestellt wurden, bekam hoffentlich keiner mit. Rehabilitierung oder Comeback kam nicht in Sicht. Immer seltener behauptete einer, es wär falsch zu behaupten, sie wär unbekannt geblieben, im Gegenteil. Sie sehnte sich nach einem zurückgezogenen kunstlosen Leben in Villeneuve. Tonerde, die man ihr hinlegte, ließ sie unberührt. Statt an ihr Œuvre anzuknüpfen, wurde ihr Rodins angebliche Böswilligkeit zur Obsession. Ihre Erinnerungsfälschungen bewegten sich in normalen Bahnen, wie es auch für gesund und frei Herumlaufende unvermeidbar bleibt, die viel fixeren Ideen frönten als die elend Internierte. Schier zeigte sie zu wenig wirklich pathologische Deformation, um als heilige Närrin überhaupt paradigmatisch in Frage zu kommen. In den Akten installierte sich halt »paranoider Verfolgungswahn«. Selbst die wenigen, die noch an sie dachten, munkelten unkundig von Umnachtung. Wer in Paris drauf zurückkam, sprach vom Glanz und Elend eines Schicksals. Wer wohlmeinend hoch griff, verglich ihre Fluchbeladenheit mit der von Vincent van Gogh oder Arthur Rimbaud. Man spekulierte über Zusammenhänge zwischen Genie und Wahnsinn, als hätte beides in unabgeschwächter, höchstmöglicher Gestalt unbremsbar vorgelegen.

Sie fror sieben Monate im Jahr, schlotterte im Eisenbett, schlürfte widerliche Fleischpampe, Kaffee aus Kichererbsenabsud und beteuerte ihrer harten Mutter, schon viel zu kaputt zu sein, um bei Freilassung keine Probleme zu machen. Selbst drei Jahre Zwangshaft, statt dreißig, wären zuviel gewesen.

Aber ohne ihre Tragik und Wegsperrung wäre das Leben der Jahrgangsgenossin Rasputins 1988 nicht verfilmt worden. Selbst Rodins Leben wurde nicht verfilmt; was hätte man schon zeigen können außer Aktmodelle und jahrzehntelanges undramatisches Schuften im Atelier!? Klappentexte und Frauenbewegung stürzten sich auf Camille Claudels beindruckende Persönlichkeit und ihr erschütterndes Schicksal. Entgegen den vielen Thesen, daß sie nicht wahnsinnig gewesen sei, bewiesen ein Professor für Neuropsychologie und ein Arzt anhand der Krankenakte, daß die Patientin die klassischen Wahndefinitionen der Richtmaß-Autorität Kraeplin exemplarisch erfülle, also an mentalen Störungen gelitten habe, Fabulationstätigkeit, Deutungswahn, psychopathischen Zuständen, »Ausgeburten einer krankhaften Phantasie«, also zu Recht interniert gewesen sei. Die Zunft, die eine leichte Abweichung als schwere Paranoia behandelt hatte, wurde postum vollauf gerechtfertigt, kraft Lehrbuchjargon.

Camille Claudel über sich selbst: Ich bin wie ein Kohlkopf, von Raupen zerfressen, sobald ich ein Blatt austreibe, fressen sie es auf. – Aber ich bin nicht geneigt, mich von diesem durchtriebenen und verschlagenen Individuum (unser aller Meister, wie er betont) noch länger zum Narren halten zu lassen, macht es ihm doch ein diebisches Vergnügen, alle Welt an der Nase herumzuführen. – Ich mußte so hastig wie möglich beiseite geschafft werden, und obgleich ich mich völlig im Hintergrund halte, in meinem Schlupfwinkel, bin ich immer noch zu lästig. – Die Ovationen für diesen berühmten Mann haben mich Unsummen gekostet, und für mich nichts, rein gar nichts. – Ich hätte besser daran getan, mir schöne Kleider und schöne Hüte zu kaufen, die meine natürlichen Vorzüge zur Geltung bringen, als mich meiner Leidenschaft für zweifelhafte Kunstwerke und mehr oder minder abstoßende Gruppen hinzugeben. Diese unselige Kunst ist eher für die großen Bärte und gräßlichen Dummköpfe gemacht als für eine Frau, die von der Natur relativ gut ausgestattet wurde.

Andere über Camille Claudel: Wir befinden uns hier im Angesicht von etwas Einmaligem, einer Revolte der Natur, einer genialen Frau. (*Octave Mirbeau, 1895*) – In ihrer Wohnung hat sie gehaust wie eine Elendskreatur, seit 10 Jahren keine Menschenseele mehr sehen wollen und sich von jedem, der ihr was zu essen verkaufte ausnehmen lassen. Türen und Fenster waren mit Ketten und Vorhängeschlössern verrammelt, und das Essen stellte man ihr in einer Kiste auf die Fensterbank. Sie selbst und ihre Wohnung waren in grauenerregendem Zustand. Sie tat überhaupt nichts anderes mehr, als Briefe an Taugenichtse und Denunziationen zu schreiben. (*Claudels Mutter Louise Claudel 1915 an den Direktor der Anstalt Montdevergues*) – Sie besaß nur wenige Freunde, und nur selten offenbarte sie sich ihnen, was schon als Symptom gewertet werden kann für ihre Abkapselung, die in Menschenscheu, ja in Verwilderung ausartete und in völliger Erschöpfung endete. (*Reine-Marie Paris, 1984*) – Auch mit dieser Erfahrung, als Frau in ihrem Beruf nicht wirklich ernstgenommen zu werden, muß sich Claudel sehr allein gefühlt haben. (*Andrea Schweers, 1992*)

Zwischen Ophelia und Summer of Love

Lotte Hattemer – Aussteigerin, Schwärmerin, Blumenmädchen (1876–1906)

Die flachsblonde Pauline Charlotte Babette fühlte sich im Status der höheren Tochter des katholischen Telegrapheninspektors, Eisenbahndirektors und preußischen Rats Hermann Hattemer sehr bald überhaupt nicht mehr wohl, weder in Berlin noch ab 1895 in Stettin. In die studentische Kundgebung, wohin sie ihr beleibter Vater einmal mitnahm, rief sie in die hochtönende Rede eines Studenten exaltiert hinein: »Alles, was ihr sprecht, ist ja Unsinn!« Vater und Tochter verfielen heftig in Streit. Jeder Lebensänderung atmete Lotte entgegen, als wenn's Erlösung wäre. Bald floh sie, genau wie ihre ganz andersgeartete Zeitgenossin Franziska zu Reventlow, ihr Elternhaus, und zwar ohne Geld. Schwärmerisch diskutierte sie des Nachts mit geflohenen russischen Nihilisten, arbeitete in einer Berliner Gebetheilanstalt, in einer Hamburger Matrosenkneipe als Kellnerin, traf dort eine junge Aussteigergruppe: den Industriellensohn Henri Oedenkoven, die Ex-Gouvernante und Wagnerianerin Ida Hofmann, die Gebrüder Karl und Gustav Gräser, und durfte mit ihnen auswandern, zu Fuß über die Alpen, um im wärmeren Süden einen geeigneten Siedlungsort zu suchen. Sie brachte noch einen Freund in die Gruppe ein, den Gutsbesitzer Ferdinand Brune, der theosophischen Dogmen engherzig frönte und den die Gruppe naserümpfend begutachtete und ausschied. Zeitweise verlief die Landsuche in Zweiergrüppchen: Ida und Lotte wanderten ausschauhaltend am Luganer See, kehrten in Madonna del Piano ein, einem Dörfchen bei Porlezza. Nach Rotwein-, Polenta- und Minestragenuß fiel Lotte durch gymnastische Übungen und hüllenlose Luftbäder auf, im Gegensatz zur vergleichsweise nüchtern-praktischen Ida, von der aus gesehen Lotte stets in höheren Sphären schwebte. Auch bei Regen wanderten sie weiter, durch Ponte Tresa und Agno. In Punto Cerisio entgingen sie nur knapp ihrer Verhaftung, wegen suspekter Bloßfüßig- und Barhäuptigkeit. Lotte gehörte zu den ersten sieben Ascona-Pionieren und Monte-Verità-Bewohnern, übernahm – leicht beeinflußbar – abwechselnd Oedenkovens gemäßigteren Theoreme und die extremeren Armutsideale der Gebrüder Gräser. Als rundum beliebte, üppig gesunde Mitarbeiterin teilte sie im Sanatorium Essensrationen für Mitglieder und Gäste aus, die sie ironisch »Portiönchen«

nannte – ein Indizium für ihr Pyknikertum? –, und zog schon bald separat vom alsbaldigen Haupthaus in einen Stall zurück, schief, tür- und fensterlos, baufällig, nicht ganz rattenfrei, gelegen irgendwo am 5 km langen Höhenweg zwischen Monte Verità und Ronco. Dort zog sie kunstgerecht Gemüse auf angrenzendem Weinberg, ernährte sich hauptsächlich von Maroni, Feigen, Mais und Wein. Ihr Nachtlager bestand bloß aus Decke und Reisigbündel. Bei aller betonten Ärmlichkeit summierte sich ein häusliches Durcheinander aus Koffern, Utensilien, Eßbarkeiten, Büchern, Briefen, Bindfäden, Lederriemen, Matratzen, Holzklötzen, Sandalen, Hüten, Glasscherben. Auffallend durch Gutmütigkeit, freies Benehmen, sehr lebhaft, bis hin zum »Teufel im Leib«, lebte sie vorbildlich urkommunistisch, teilte alles, schwärmte für Idealismus, las mit Inbrunst Nietzsche und Goethe vor. Gastfreundlich zu Durchreisenden und wandernden Künstlern, stürmisch bewegt von Freundschaftsgefühlen, ging sie jedoch auf genauere Avancen nicht ein; kühne Anträge wies sie zurück. Der seltsamen Jungfrau, ärmlich gekleidet, die Haare offen und wirr, sah keiner mehr die eigentlich gutsituierte Beamtentochter an. Launenhaft schwankte sie zwischen zunehmend mystischer Gotteskindschaft, ekstatischen Naturseligkeiten, Ichversunkenheiten und gewissen Ratio-Rudimenten. Die »wilde Lotte«, auch »Sonnenlotte« genannt, verband sich so fest mit Mutter Natur, daß sie sich mit Erde wusch, um den Erdmagnetismus recht auf sich wirken zu lassen, und dachte viel über das Leben nach dem Tode nach. Je nach Betrachterstandpunkt fand man sie entweder originell und sympathisch oder – überspannt, kompliziert, abenteuerlich, so oder so: stets mit Blumen im Haar, mit »botanischem Aufputz« – so ironisierte dies der materialistische Dichter, Anarchist, Asconasympathisant und spätere Asconaskeptiker Erich Mühsam. Die Sonnenlotte bewegte sich zeitlich also zwischen präraffaelitischem Antiquarium einer eher rotbäckig getönten Ophelia und einem vorauseilenden, um sechzig Jahre verfrühten Hippiemädchen, das allmählich immer weiter ausflippte. Jeder Stimmung gab sie im Moment nach (spätere Zeiten nannten so was »spontane Impulse« oder auch »be now here«). So festigte sich ihre Fama als Kreuzung aus Chaotin und Sonderlingin, was sich durchaus unter »Santa Lotta di Ascona« subsumieren ließ. Doch die Ex-Wandergefährtin und Organisatorin Ida glossierte Lottes extreme Entwicklung zunehmend skeptisch: Lotte sei nur dann bedürfnislos, wenn Geldmangel sie dazu zwinge, und sie gäbe gern, habe aber nichts zu geben. Ein Besucher aus Norddeutschland, eher um ihre Moral besorgt als um ihre psychische Gefährdung, berichtete, Lotte verkaufe ihren Überschuß an Weintrauben nicht, sondern bewirte damit Kinder in ihrem Haus, und verwende die väterlichen Geldüberweisungen nicht für sich, sondern tue damit Gutes. Sie finanzierte einer alten Frau ein neues Gebiß.

Lottes Vater, tief unglücklich über ihre Entwicklung, reiste ihr nach, um sie zurückzuholen oder positiv zu beeinflussen. Als sie den beleibten Mann den Berg hinaufkeuchen sah, floh sie vor ihm in eine Höhle über den dortigen Wasserfällen; er fand sie und nötigte sie in die wohlwollende Umgebung eines norddeutschen Sanatoriums, wo man sie aufpäppelte, bis sie aufs neue entwischen konnte. Als einzige unter den ersten Ansiedlern wandte sie sich, vorbelastet durch Ferdinand Brune, dem theatralischen Prediger und äußerst gottgesandten, sich in transzendentalen Phrasen ergehenden, theosophischen Sektengründer Josua Klein zu – und also von den erdnahen Gräserbrüdern ab – und pilgerte nach Locarno, um den Lehren der Theosophen Alfred Pioda und Franz Hartmann zu lauschen. Sich mit der heiligen Katharina befassend, aß sie selber nur noch Obst, steigerte sich in Verzückungszustände pathologisch hinein – Emil Ludwig deutete das eher positiv: sie würde immer durchsichtiger und glücklicher. Auf einer Reise in den Süden arbeitete sie als Aufwärterin in Rapallo, dann als Haushälterin bei einer höheren exotischen Persönlichkeit in Florenz, wo sie sich zu stabilisieren schien.

Doch im Herbst 1905, zurück auf dem Monte Verità, irrte Lotte tagelang mit Selbstmordabsichten umher, nach anderer Quelle: versuchte sie durch Verhungern ihrem Leben ein Ende zu setzen und mußte dann doch in eine Idiotenanstalt gegeben werden. Nachdem sich ihr Zustand gebessert hatte, gab man ihrem sehnsüchtigen Wunsch nach und ließ sie wieder nach Ascona gehen. Sie suchte dort alle Stätten auf, die ihr lieb und vertraut waren, wie zum Lebwohlsagen. Die Puppenmacherin Käthe Kruse, mit ihren zwei Kindern, besuchte Lotte, sehr mit ihr sympathisierend, versuchte sich ansatzweise als Seelenretterin, überredete sie zu einem nochmaligen dreitägigen Treffen mit ihrem Vater in Domodossola, versah sie mit einer Fahrkarte dorthin. Dortige Gespräche und Geschehnisse blieben unbekannt.

Erich Mühsam und der Theologiestudent Johannes Nohl, einkommenslose, vagabundierende Literaten, auch Kokain- und Saccharinschmuggler, mit utopischen Gründungsplänen, für die sie Finanzierung suchten, kreisten in Ascona aufdringlich um Lotte und die gleichfalls recht seltsame Elly Lenz. Dr. Otto Groß, Privatdozent für Psychopathologie, der seiner Frau mit Analysierungsdrang übel zusetzte, drang vermutlich ebenso penetrant auf Lotte ein; sie, hin- und hergerissen zwischen den Männerstimmen, wurde in immer heterogenere Wechselbäder getaucht. Heftiglich wehrte sie sich gehen Nohl und Groß, die eine Dementia präcox an ihr diagnostizieren zu müssen glaubten und sie hartnäckig zu einer Therapie überreden und von ihrem Jungfräulichkeitskomplex befreien wollten. Ihren Widerstand bauten sie schlecht freudianisch in ihr männliches System ein. Lotte Hattemer starb durch Gifteinwirkung.

Nohl behauptete hinterher, er habe ihr den von Dr. Otto Groß bereiteten 5 gr-Cocain-10 gr.-Opium-Cocktail nur deshalb gereicht, weil sie ohnehin fest zum Selbstmord entschlossen war und er lediglich verhindern wollte, daß sie unmenschlich umkommt. Drei weitere Zeitzeugen aber gaben anderslautende Auskünfte: Artur Weiler, anarchistischer Kamerad und Mittäter, beschuldigte Nohl des eigennützigen Giftmordes; auch Emil Ludwig behauptete ein aktives Drängen vonseiten Nohls. Gerüchteküche schwelte: Nohl habe um die unschlüssig zögernde Lotte geworben und sie sogar geschwängert, behaupteten oder vermuteten jedenfalls sowohl Emil Szittya wie Bruno Goetz, ein einstiger Vertrauter und Beobachter. Ein Josef Bihlmayer denunzierte Nohl, er habe sich damit gebrüstet, Lotte aus dem Weg geräumt zu haben, weil sie als Mitwisserin ein anarchistisches Unternehmen zu verraten vorgehabt habe. Zwanzig Jahre nach Lotte Hattemers ungeklärtem Tod verfaßte dann Bruno Goetz einen arg nachträglichen Schlüsselroman: »Das göttliche Gesicht«, worin Dichtung und Wahrheit nur schwer sich auseinanderklamüsern ließen, der jedenfalls das verjährte Drama als ein psychisches Kesseltreiben mit tödlichem Ausgang darstellte. Nohl wurde im Roman zu Pahl, Mühsam zu Schwierig, Lotte blieb vom Namen her Lotte. Goetz behelligte Lotte postum mit eminenter Idealisierung, adelte sie zur kräuterkundigen Heilerin und definitiven Heiligen, wertete sie schwülstig auf mit Jungfrau-Mutter-Demeter-Mythos-Unterfütterung und -Überhöhung, und machte Lottes männliche Gegenspieler zu einseitig zynisch-heuchlerischen Verderbern. Im Roman sollte ein Geldbetrag, den Lotte von dritter Seite erhielt, ihr abgegaunert werden, um damit »einen Tempel unserer neuen Religion zu errichten«. Im Spannungsfeld Schwabing-Ascona stellten Lotte Hattemer und Franziska zu Reventlow, laut Asconaforscher Hermann Müller, zwei entgegengesetzte

Ausformungen der damals neuen Weiblichkeit dar, dem Theater der matriarchalen Revolution, beide von symbolischer Repräsentanz: hier die Tochter der mütterlich-jungfräulich-keuschen Demeter, die sich in pantheistischer Schwärmerei verlor, dort die männerjagende Aphrodite bzw. das Sexluder, die hemmungslose Venus vulgivaga.

Lotte Hattemer – jede Nacht kletterte sie auf einen Berggipfel

Andere über Lotte Hattemer: Lottes losgelöstes Haar, das in dichten straffen Strähnen ihr Gesicht fast bis zur Nase zu verhüllen pflegt, gab ihr allerdings ein etwas ungewöhnliches Aussehen. (*Ida Hofmann in ihrer Monte-Verità-Broschüre um 1905/6*) – Ich habe viele Male beobachtet, wie sie aus einem Kreise gemütlich beieinander sitzender Menschen plötzlich ostentativ verschwand, um nach einer Viertelstunde mit Blumen behangen ostentativ wiederzukommen. (*Erich Mühsam, 1905*) – Ihre Bedürfnislosigkeit ist ja wie geschildert sehr groß, allein oft nimmt sie sich auch völlig harmlos, wie Herr N. N. erzählte, dies und jenes aus seinem Haushalt z.B. Decken, Bücher usw. mit, bis das Vermißte oben bei ihr gefunden wird, falls sie es nicht selbst vorher schon wiedergebracht hat. (...) Sie besitzt in ihrer Ruine eine Art Schlafzimmer, durch das der Wind von allen Seiten und durch alle Fugen weht. Unten in der zur Wohnung dienenden Ruine ist ein Raum, der Küche und Wohnzimmer zu gleicher Zeit ist, wenn man es wagen darf, ihm diesen Ehrentitel zu geben. Hier ist Lottes selbstaufgebauter Herd, eine alte Kiste als Vorratsraum usw. Von der verräucherten Decke hängt ein selbstgeflochtenes Körbchen herab mit einem Blechbehälter, der zum Öllämpchen hergerichtet ist, in der Ecke des Raumes liegt ein Haufen grauen Sandes, auf dem Lotte sich offenbar bei gar zu schlechtem Wetter ausruht. (*E. Dennert, 1909*) – In und bei dem Hause war alles verwahrlost, denn die Besitzerin beschränkte sich darauf, durch Versenken in die Natur sich zu verinnerlichen. (*W. Höertsle: Die Kulturmüden von Ascona, 1913*) – Sie fand das Treiben ihrer Kameraden lärmend und zog sich von den zu lauten Idealisten zurück. Lebte in einem ruinenhaften Haus. Schlief auf bloßem Stein. Aß nur rohe Wurzeln. Jede Nacht kletterte sie auf einen Berggipfel. Klaubte trockenes Reisig zusammen. Legte ein großes Feuer an und siebte die Asche, wobei sie jammervoll schrie: »Mein Gott, es ist noch nicht fein genug!« Die St. Lotte von Ascona endete nicht ganz so, wie es sich für eine Heilige ziemt. Einmal packte Lotte der unheilige Geist, und sie vergiftete sich. (*Emil Szittya, 1923*) – Sie lebte in einer phantastischen Wunder- und Märchenwelt, die für sie keine poetische Ausschmückung der Wirklichkeit, sondern die Wirklichkeit selbst war. (Bruno Goetz, 1927) – Ihr religiöser Wahn wuchs sich zeitweilig zu offensichtlichem, allerdings harmlosem Irrsinn aus. (Robert Landmann, 1930) – Zuweilen ging sie, einen roten Schal über ihr langes Hemd geschlagen, angetan mit Sandalen und einem Blumenkranze, den sie täglich erneuerte, zu Fuß nach Florenz, begriff nicht, daß sich in den Straßen alles staute. (Emil Ludwig 1931) – Alle Philosophien lagen hinter ihr, alles war erlebt, erlitten und überwunden. Was nun? Sie führte die Gedanken Ödenkovens und Gräsers folgerichtig zu Ende. Jede Anstrengung zur Erhaltung des Lebens war ihr Raub an der Natur, und Einkehr ins wunschlose Nichts das einzige Ziel. »Wenn man alles versucht hat, und es war alles nichts, kehrt man am Ende wieder zum Anfang zurück.« (*Käthe Kruse, 1951*) – Je höher sie stieg in ihren himmelstürmenden Phantasien, desto tiefer mußte sie stürzen. Zwischen dem Spiritualismus ihrer theosophischen und dem harten Realismus ihrer anarchistischen Freunde fand sie keine Brücke, keine Mitte, die sie hätte auffangen können. (*Hermann Müller, 2002*)

Ihr Bild und Wesen wächst immer leuchtender empor

Elsa von Stritzky – Bildhauerin, Christin, Ehefrau, Engel (1883–1921)

Sie stammte aus ostseeprovinziellem Landadelsgeschlecht, inklusive baltisch-schwedischer Junkerbeziehungen, aus Riga, damals russisch. Sie hatte neun ältere Geschwister; ihr Vater besaß 1914 die viertgrößte Bierbrauerei im Zarenreich. Man trank Tee von eigenen Plantagen in Übersee. Unbeaufsichtigt stieg das Mädchen am Strand auf einen Turm, um das Meer von oben zu sehen, oder sah vom Fenster aus den Sabbatfeiern in der Altstadt von Riga zu, und spielte täglich (wie das kleine Meretlein mit einer Schlange) an einem Wasserlauf mit einer Wasserratte, die auf Zuruf kam (wohl eher Ondatra zibethica als Arvicola terrestris?), ehe ihr das verboten wurde. Von frühan mengten ungute Stimmen sich ins Gebet der sehr blauäugigen Elsa. Bei ihrer Konfirmation 1900 fiel sie in Ohnmacht (wie Franz Werfel angeblich beim erstmaligen Anblick des Meeres; oder wie sensible Derwische beim bloßen Wort »Allah«).

Sie kam dann in ein Internat in Neuchâtel, für ein Jahr, um ordentlich Französisch zu lernen. Während der Lettischen Revolution 1905 ging sie, als der Stritzky-Clan das sinkende Schiff Riga verließ, zu Verwandten nach Berlin, studierte in Paris, ab 1910 in München Bildhauerei, spielte Klavier und malte. 1911 verlobte sie sich vorübergehend mit dem Chemiker der väterlichen Brauerei, Edgar von Pickardt, der seine Braut nicht gern bildhauern sah, ein Pedant vom Schlage Benedikt Grünlichs. Alsbald besuchte sie ihre Schwester auf deren Bauernhof in Baierbrunn, als zwischen auseinanderstiebenden Hühnern ein Mann eintrat, ein zwei Jahre jüngerer, sozialschwacher, selbstbewußter Systemdenker, der mit Exklusiv-Fremdwörtern rasant um sich schmiß, des Namens Dr. Bloch, ein Messias auf Brautschau, und ließ verlauten: »Hühner sind nicht gerade ein treffendes Abbild des Weibes.« Schon bevor es zu Annäherung kam, unterstützte sie ihn finanziell, und hinterher sowieso. 1912 in Riga, zum 70. Geburtstag Christian von Stritzkys, übte sie im Rokokokostüm Joseph Haydns Kindersymphonie ein, mit Allongeperücke und Nichten und Neffen mit Triangeln.

1913 erfolgte dann die Heirat mit Dr. Bloch, nicht in Riga, da man als Jude nicht länger als drei Tage in Rußland weilen durfte, sondern in Gar-

Elsa von Stritzky (fünfte von links) führte 1912 mit Nichten und Neffen 1912 in Riga Haydns Kindersymphonie auf

misch trotz Elsas bereits schwerer Krankheit und erster Unterleibsoperation; und obwohl die Stritzkys den dubiös einheiratenden, armen Schlucker, der zudem zum Marxisten mutierte, als Mann ihrer Tochter ablehnten und ihn bei jeder Wiederbegegnung »noch widerlicher als früher« fanden. Weil Elsa von Heidelberg nach Tübingen, um zu ihrem todkranken Onkel Christe zu gelangen, drei Tage brauchte, kam sie um einen Tag zu spät. Im Lauf folgender Jahre lag Elsa ihrem Ehemann, der hoch zu Roß auffuhr, derart zu Füßen, daß wohl auch in ihm so was wie Gegenliebe erwachte. Der anachronistische Märchenton ihrer Wundergläubigkeit, die von ihrem Mann so genannte »Goldluft« ihres angeblich trotzdem völlig uninfantilen Christentums, worin scheue Ehrfurcht, Sterntaler und Engel vorkamen, und ihr Schock als Kind, Christin zu sein, ohne eine orientalisch bunte Jüdin zu sein, lieferte schlichte Harmoniestimmen zum ambitionierten mega-mystisch-parakletisch-devachanischen Transzendentalismus und Utopiegeist des Dr. Bloch, dessen Konfektions-Ergüsse und qualmig hochmögenden Weihgesänge vom aufgedeckten Angesicht, mitten in jener technischen Kälte und regierenden Abwaschbarkeit und Wasserklosetthaftigkeit, die im ›Geist der Utopie‹ auf höchsten Ebenen zutiefst beklagt wird,

Elsa sich vorlesen ließ, ganz ungenervt, überaus mitschwingend. Sie schien alles zu verstehen, sie verstand inniglich, anpassungsfähig bis sympathetisch. Sie nahm die ausgeflippt mystischen Schriften ihres Mannes als drittes Testament. Sie glaubte glühend an diesen komischen Propheten, der zugab, selbst- und herrschsüchtig zu sein, aber der durch ihre Inwendigkeit und fromme Milde sich, bei aller Ungeduld und Cholerik, zu einer selber mehr inwendigen Seele sublimieren ließ. Pudelchen, Bärenmann und Bärlein, wie sie ihre unendlich geliebte Dualseele privat nannte, titulierte umgekehrt sie Helmchen, Sterntaler und Else, statt Elsa.

Ab 1914 wohnten sie feudal mit Stilmöbeln, Persern und Wasserklosett im Schloß im Grünen, im Isartal. Man erwog mit heiligen Schauern eine Palästinareise. Abends ging man in Gustav Mahlers ›Lied der Erde‹. In Gesellschaft kams vor, daß nur die beiden miteinander sprachen und alles um sich herum vergaßen. Nachts sah Elsa zwischen Traum und Wachen alte weißbärtige und rot beturbante Zwerge sitzen, die sie ansahen und eifrig irgendwas aufschrieben. Wirkten Handwerker im Haus, reiste Bloch fort, und Elsa organisierte alles allein. Sie liebte ihn derart selbstlos, daß sie sich jetzt bereits Sorgen machte, wie sie ihm, wenn sie mal zu alt für ihn sei, junge Mädchen verschaffen könne. Dann zerrann der elterliche Geldfluß aus Riga von einem Tag zum anderen: Brauereipleite dank kriegsbedingten russischen Alkoholverbots, Kriegswirren, Probleme mit Likörfabrik-Aktien. Ihren Eltern, die nicht sehr souverän reagierten, warf Elsa vor: »Ihr wollt die Ritter von Stritzky sein? Fallierte Bürger seid ihr!« Zwei Jahre verbrachte das Hohe Paar im Präexil der Schweiz, entbehrungsreich, sie monatelang kränkelnd in enger, unbeheizbarer Mansarde, gestürzt aus Opernball in die Spitzweg-Kammer armer Poeten. Zur Gesichtsneuralgie kam Bauchhöhlenschwangerschaft. Im Verarmungselend behalf sich das Ehepaar mit abstraktem Unsinn: Unmöglich, daß wir verhungern. Sie lief umsonst in zwanzig Antiquariaten herum, in München, um chinesische Drachenstickerei zu verscherbeln. Zeitweise sprangen die »Hopfenherren« ein, jüdische Geschäftsfreunde in Nürnberg. Ihre Ideal-Ehe währte im Auf und Ab sieben Jahre, in die sie ein ganzes langes Eheleben hineindestillierten, indem sie manchmal ihr Haar weiß puderte, als Rokoko-Leiche, als achtundreißigjährige Baucis ihres sechsunddreißigjährigen Philemon. Angeblich gabs null Ehekrach, späterem Bloch zufolge. Kaum aber konnte sie nicht genug Haushaltsgeld zusammenkratzen, machte er ihr vor Ort Szenen. Sanft ertrug sie seine Polemik gegen ihre Brüder, die er »Koofmichs« nannte, und sein Losgepolter, kaum daß ihm ein Kleid von ihr nicht gefiel. Sie bot also durchaus das dubiöse Bild einer stets sanften Dulderin, die so unemanzipiert wie möglich – Hauptsache: leuchtenden Auges – alles schluckt, alles in sich frißt, nie sich wehrt, außer einmal, als sie das kritisierte Kleid sogar zerriß und hierbei gleich einen Lichtschalter demolierte. Das bereute sie sofort demutvoll. Bei außerordentlicher Hingabe habe sie, rühmte Bloch später, ihre eigene Natur voll bewahrt – zwiespältiges Lob. Elsas Weinkrämpfe, brieflich dokumentiert 1915 an Georg Lukács, hinterließen keine Spuren im späteren bereinigten Erinnerungsbuch Blochs. Auch Emmy Ball-Hennings verehrte Elsas mystische Frömmigkeit, bat sie um ein Bild, schenkte ihr eine Spieldose, schrieb ihr: »Es klingt so armselig, wenn ich sage: ›Ich liebe Sie‹. Spüren Sie die Verzauberung, die hinter diesen drei Worten liegt, und Sie haben einen Schimmer von dem Glanz, den Sie selbst, liebe Frau, in mir verursacht haben.«

Ihren voraussehbaren frühen Tod sah sie wie Goethes Mignon als Austausch schlechter Wäsche gegen schönere Gewänder. In aller Schmach klagte sie nie. Ins Krankenhaus ging sie erhobenen Hauptes (wie Mansur al-Halladsch zum Richtplatz), festlich staffiert wie Ophelia, mit Federboahut und Lieblingsblumen: gelbe Mimosen, Rosen und Calla, die jüdische Lilie. Das Klinikpersonal erkannte sie gar nicht als todkranke Patientin, vier Bücher als Reiselektüre: Losungen der Brüdergemeine, Loyola, Geist der Utopie, Karl May, fünf Tage vor ihrem Tod durch Uteruskrebs. Auf ihrem Grab auf dem Münchener Ostfriedhof stand: »Hier ruht die geliebteste Frau Elsa Bloch von Stritzky, † 2.1.1921 Off. Joh. 3,5«.

Postum wurde die Jahrgangsgenossin Kafkas sprachmächtig stilisiert vom Witwer zur Eurydike, zur Samurai-Frau. Trieb ihn schlechtes Gewissen? Auf die Basis weggelassener türmte er hinzugefügte Details. Nicht erst nachträglich, ab 1921, legte er fest, wie sie gewesen war. Bereits 1915 hatte Bloch sie, Lukács gegenüber, »die Lächelnde, Verklärte, Erhabene« genannt. Statt ihre Bildhauerei zu rühmen, fand er es wichtiger, seiner Lichtgestalt Prinzessinnenart zuzuschreiben, holdselige, lilienhafte Wesenheit, sie dem Mädchen aus Schuberts »Tod und das Mädchen« zu vergleichen, Katharina Emmerich, Karoline Schelling und Mozarts Konstanze bei Eduard Mörike, postum von »strahlendster Schuldlosigkeit« zu schwärmen, von »tiefsinnigster Ausgeglichenheit«, und schon stand die kranke oder tote Elsa als luzide Chrysalide da, durch die schon von hinten her die einhellig so genannte »andere Welt« bricht. Aus einer Künstlerin ward eine

Heilige ziseliert, weil ein Dandy sich als Ikonenmaler betätigte. Fotos, die allzu deutlich mit Hakennase und fliehendem Kinn seinem Pamina-Medaillon widersprachen, hob er nicht auf. Aussagen von Zeitzeugen, die alle wie auf Verabredung dieses schöne Bild stützten, baute er in sein »Gedenkbuch« ein. Dessen Leser sahen Bloch am Schluß ergriffen in Eydtkuhnen-Wirballen stehn und in Riga, so als pilgere der erbberechtigte Vermögenseintreiber rein aus Nostalgiegründen in ihre Heimat.

Noch als DDR-Professor in Leipzig nannte Ernst Bloch seine Ehe mit dieser Frau das größte Ereignis seines Daseins und erzählte mit Tränen in den Augen einzelnen Marxismus-Studentinnen, Elsa sei ein Engel gewesen und warte im Jenseits auf ihn. Selbst wenn der Tod nur das Nichts brächte, werde er dann wenigstens ihr gleich. Ob sie in der peinlich privaten, pathetischen, nicht ganz kitschfreien Aufwertung, Wiedergutmachung, apokryphen Apotheose, Verklärung und Himmelfahrt ihres egomanischen Gemahls, dessen Produkt sie bleibt, sich wiedererkennen würde? Andere genauere Berichte, außer die Blochs, blieben aus. Die weitverzweigten Stritzkys strichen den Schandfleck Elsa aus ihrer Familienchronik. Die Kinder der Haydn-Symphonie 1912 starben betagt in den 1980er Jahren. Ein spätgeborener Großneffe, der Pfarrer Christoph von Stritzky, recherchierte umsonst nach einer Elsa vor 1911, fand immerhin einige unpublizierte Fotos, auch ein Mädchenbild, Elsa im Matrosenanzug. In abgemolkenen Aussagen, wie der von Arnold von Stritzky, geb. 1904, einem Neffen Elsas, steht Blochs Madonna deutlich standardformatiger da, stets nett zu allen Kindern, eine gute Tante, nie schimpfend, eine Art Mary Poppins, musikalisch, jedenfalls ohne Corona, Glorie und andere Welt. Bloch steht Arnold von Stritzky so gegenüber wie der idealisierende Platon dem realistischen Xenophon beim Sokratesporträtieren. Andererseits, warum soll ein legasthenischer Papst ungenügende Gestalten relativ ad libitum heilig- und seligsprechen dürfen, und ein erleuchteter Neocortex und Weltgeist, der sich mit Moses verglich, seine lammfromme bis monalisa-hafte Lächel-Muse nicht? Nur durch religiöse Übertreibung kam der engagierte Laudator, nein: Verherrlicher der unbeschreiblichen Toten nahe. Tatsächlich kamen alle Attribute zusammen, wenngleich verzerrt, die zu einer Heiligen gehören: vom Traum des zurückbleibenden Witwers, er und die Verstorbene würden Weihnachtsbäume mit Segelschiffen schmücken, ein atypisches postmortales Wunder, über die überall ausgegossene Lichtsymbolik, die sowieso an irdische Sichtweise gekettet bleibt, bis hin zum Symboltier der Bisamratte oder Schwimmaus, die durchaus der Muräne des Lord Chandos konveniert, oder dem Löwen des Hieronymus im unbeheizbaren Gehäuse, oder dem himmelfahrenden Schwein des heiligen Antonius.

Worte von Elsa von Stritzky: – ich will und muß Dich von der leidenden Frau und Geliebten befreien, und wenn ich es mache, indem ich gesund werde, ist das die einfachste Lösung, und Du weißt, daß ich einen starken Willen zum Leben habe. (*An Ernst Bloch, 27.4.1920, einen Tag vor ihrer vorletzten Operation*)

Andere über Elsa von Stritzky: Sie liebt mich, ich achte sie menschlich und künstlerisch sehr hoch. Sie ist auch gebildet genug, um mich intellektuell auf weite Strecken hin zu verstehen, ich habe ihr in der Preisaufgabe der Kantgesellschaft: welches die seit Herbart und Hegel wirklich erreichten »Fortschritte« der deutschen Metaphysik seien – ein, mein erstes ganz zusammenhängendes Kolleg gelesen. Sie ist reich. Ich nehme von ihr (unter ihrer eigenen, leidenschaftlich vorgebrachten Ablehnung jeder gegenseitigen erotischen Verpflichtung) die Zinsen eines ihr jetzt durch einen Häuserverkauf zugefallenen Kapitals an (ungefähr hundert Rubel im Monat), die mir die L'hafener Unabhängigkeit verschaffen, ohne mir eine andere Abhängigkeit zu verschaffen (denn sie ist allein schon körperlich nicht zur Ehe tauglich, eine vor kurzem vollzogene Gebärmutteroperation) als die selbstgewählte Freundschaft. (*Ernst Bloch an George Lukács, 12.7.1911*) – Ich bin erstaunt, je mehr ich Elsa kennenlerne, dieses lustig raffinierte, maßlos gute, intensive und vor allem unerhört intuitive Mädchen (sie hat jede Minute einen anderen braven Gedanken, sehr tüchtig gesinnt und sehr ernsthaft, besonders vor jedem Kriegerdenkmal), wo ich vorher Ohren, Augen, Herz und Sinn gehabt habe. Wir fahren Sonntag nach München zur Matthäus-Passion. Und dann kommt Tristan. (*Bloch an Lukács, 14.3.1913*) – Heute war Ernst Bloch hier aus Thun … Er und seine (unsere) liebe Frau Elisabeth sind sehr glücklich mit der Spieldose, die Du ihnen geschenkt hast. Darauf orgeln sie den ganzen Tag ›Im Wald und auf der Heide – da such ich meine Freude‹ … (*Hugo Ball an Emmy*) – Ihr Bild und Wesen wächst immer leuchtender empor – gänzlich verklärt, die heilige Frau, und bei aller tiefsten Verehrung ganz ohne Scheu, da sie doch mein Inwendigstes und auch mein geliebtestes, vertrautestes Mädchen ist, meine Freundin, mein festlicher Alltag. – Wie oft auch freute sie sich, das Schmerzhafte, Störende, Kraftverbrauchende, Ungemäße des Leibes abzuwerfen, abwerfen zu können – wie rein, wie überselig mag sie jetzt leuchten und klingen. – Bei einigen Männern freilich erinnere ich mich, so bei Furtwängler, daß er förmlich zurückprallte vor der Gewalt des süßen Lichts, als er Elsa zum ersten Mal sah. (*Ernst Bloch, 1921*) – Sehr schlank und groß, mit einem jungenhaften Körper, länglich-schmalem Gesicht, hoher Stirn, langen feingliedrigen Fingern bzw. Händen, dunkelblondem Haar. Tante Elsa war immer sehr freundlich zu uns Kindern, verbot eigentlich nie etwas, strafte nie, sondern erklärte einem, was man falsch gemacht hat und warum und wie man es anders machen müsste. Sie hatte immer Zeit für uns und speiste uns nie mit der Redensart ab »Dafür seid ihr noch zu klein!«, wenn man sie etwas fragte. Tante Elsa war musikalisch, spielte Klavier und regte uns Kinder an, kreativ zu sein, so z.B. aus Knetgummi Figuren und Köpfe zu machen, Figuren aus Papier auszuschneiden, Scherenschnitte zu machen. (*Arnold von Stritzky, geboren 1904, Neffe von Elsa von Stritzky*) – Für die damaligen Verhältnisse, in denen Mädchen zwischen 16 und 20 Jahren »plaziert« und unverheiratete Frauen über 25 nicht mehr auf Bälle eingeladen wurden, konnte Elsa froh sein, einen Ehemann gefunden zu haben. Sie war ein, wie man damals sagte, »älteres Mädchen«, eine »alte Jungfer«, zudem schwer krank. Dass sie Bloch geliebt haben könnte, ist ebenso unwahrscheinlich wie, dass er sie liebte, als Individuum ohnehin nicht, aber auch nicht als Projektionsfläche seiner Liebesgefühle. Es war ein Geschäft zu beiderseitigem Nutzen, spätere gegenseitige Sympathie nicht ausgeschlossen. In Blochs Briefen kommt Elsa kaum vor. Von ihrem Leben und ihren Interessen und Nöten ist nie die Rede. Geist der Utopie hatte er mit einem Vermerk auf dem Vorblatt »Elsa Bloch-v. Stritzky zugeeignet«. Auch die überarbeitete Version von 1923 widmete er seiner – nun verstorbenen – Frau: »Dem immerwährenden Gedenken an Elsa v. Stritzky, gestorben am 2.1.1921«. Nach ihrem Tode machte er sie zur literarischen Figur und beschrieb seine schmerzlich-schönen Gefühle ihr gegenüber. (*Martin Korol, 2002*) – Vermutlich war sie es, die Blochs Interesse für die Christologie geweckt hat; und vermutlich hat sie ihn auch dazu veranlaßt, sich zeitweise für Mystiker wie Jakob Böhme oder Heinrich Seuse zu interessieren. (*Armin Münster, 2004*)

Elsa von Stritzky – die Lächelnde, Verklärte, Erhabene

Angewärmt, verschmäht, benutzt, hängengelassen, verewigt

Nadja – Luftwesen, Labilium, Surrealismus-Muse, Psychiatriepatientin (ca. 1900–1941)

Léona Camille Ghislaine Delcourt wuchs auf in Lille, wo sie eine Zeitlang mit einem Studenten scharwenzelte, ehe sie Schluß machte, aus Angst, ihm lästig zu fallen, dem sie ihre Adresse nicht gab, aber dem sie, nachdem sie 1923 oder 24 umzog nach Paris, ab und zu schrieb. Unverabredet liefen sie sich noch mal über den Weg, da gewahrte sie eine surrealistisch angeborene Anomalie an seinen Händen, zusammengewachsene Finger (siehe Frieda in Kafkas Schloß), was sie früher übersehen hatte.

Nach 19 Uhr fuhr sie gern Metro, versuchte aus den abgearbeiteten Gesichtern das Innenleben ihrer Träger abzulesen. Bei neuen Männerbekanntschaften drehte sie gern unauffällig deren Hut um, um im Futter die Initialen zu lesen (wie Magda Peters in Vladimir Nabokovs »Camera obscura«, 1931). Sie befreundete sich mit zwei unterschiedlichen Männern, einem Greis, den sie »Großen Freund« nannte und der bald in den Senegal abreiste, und einem Amerikaner, der seine verstorbene Tochter Lena in ihr erblickte. Angegriffener Gesundheit wegen ging Nadja zum Arzt, der ihr empfahl, nach Mont-Dore zu reisen, eine teure, undurchführbare Reise, die sie zu Gedankenspielen anregte. Sie suchte dann eine Stellung in einer Bäckerei, sogar Fleischerei. Beim Friseur war ihr wichtig, um jeden Preis, daß ihr Haar in fünf Büschel geteilt würde und über der Stirnmitte ein Stern übriggelassen werde. Männer sahen an ihr häufig ein »geheimnisvolles Lächeln«.

Am 4. Oktober 1926 lief sie dann einem dreißigjährigen Mann über den Weg, dem im Getümmel sofort ihr erhobener Kopf auffiel und ihrer zarter Gang, der kaum aufgesetzte Fuß. Einem pyknischen Beobachter wäre sie noch schwebender vorgekommen. Sie umgekehrt hatte, was ihn anging, die zögerliche Vision, er gehe auf einen Stern zu und lasse sich durch nichts ablenken davon, nicht einmal durch sie. Das gefiel ihm; das kam ihm gelegen.

Ein zweites Rendezvous machte man aus (in der Bar Ecke Rue La Fayette und Rue du Faubourg-Poissonnière, am 5. Oktober), wo sie sogleich von jener Bekanntschaft dessen Opus ›Manifeste du Surréalisme‹ zur Lektüre aufgedrängt bekam. Ihre Intuition, selbstverständlich ans Mediale grenzend, sah voraus, was André Bretons schwesterliche Gattin Simone genau in diesem Moment tat: Sie spielte mit ihrem Hund und hatte, laut Nadja, auch eine Katze, was Nadja nicht wissen konnte und was völlig zutraf. Das dritte Treffen am 6. Oktober nahm sie nicht wahr, lief aber dem Autor trotzdem über den Weg, wider Willen. Daß sie ausgerechnet mit so einem unsinnlichen Räsoneur, Sekundärliteraturverfasser und Langweiler anbändeln mußte, der gern vom »größten Abenteuer des Geistes« schwadronierte, aber modernerweise nicht mal eine richtige Story hinbekommen wollte!?! Später entriß er sie zwar für seine Leute und Leser, samt Nachwelt, der Vergessenheit und Nichtexistenz, ließ sie aber zugleich so blaßgesichtig wie eine Figurine von Chirico. Er erging sich in unersprießlichen Metaphern, die Wirklichkeit liege Nadja wie ein listiger Hund zu Füßen.

Wenn irgendwo zwei, drei Paare sich im Schatten bewegten, sah sie viel mehr, so als rechne sie andere, frühere, tote Paare dazu. Bei einem dunklen Fenster sagte sie voraus, daß es in einer Minute sich rot verfärben würde, und siehe, es verfärbte sich rot. Falls es das nicht jeden Abend um diese Uhrzeit tat, war damit Nadjas enorme Hellsichtigkeit verifiziert. Daß sie übermäßig geschminkt, zum Ausgleich aber nur halb fertig geschminkt herumlief, ließ auf dissoziativ-nervöses Wesen schließen. Er nannte sie ein »immer inspiriertes und immer inspirierendes Wesen« und eine »L'âme errante« (irrende Seele). Indem er sie richtigerweise als »ungebundenen Geist« umschrieb, als »Luftgenie«, landete sie in der anmutigen Tradition der Kindmusen à la Wilhelm Meisters Mignon; Pippa (aus Gerhart Hauptmanns »Und Pippa tanzt«), bis hinauf zum Nymphchen Lolita und archetypisch hinab zu Hyazinth und Isis (aus Novalis Rosenblütchen-Märchen), also praktisch Adam und Lilith – nicht Eva, nicht die nette harmlose Hausfrau, sondern praktisch die Femme fatale oder Femme fragile, die bleiche, nächtliche, gegebenenfalls exotische Konkubine oder Beinahe-Konkubine. Tatsächlich wandelt der Galan nie mit Nadja durch sommerlich leuchtende Naturlandschaft, stets durch fahles Gaslaternenlicht – Querbezug zum Pierrot lunaire. Aber das Böse kenne sie nur vom Hörensagen, rühmte er an ihr. Als sie die von Breton zitierte Jarryzeile »Schamhügel der Hünensteine, mitten im Heidekraut ...« las, füllten sich ihre Augen mit Tränen und der Vision eines Waldes. Sie selber sah und malte sich am ehesten und öftesten als Melusine, gebildeterweise. Seine Metaphernmuse gab ihm hochtrabenden Krempel ein, und schon lächelte Nadja ihm manchmal zu »hinter großem Tränen-Gesträuch«.

Stets verkleinerte sie sich vor Breton – ja, das hatten Männer gern. Wenn er ihr was vormonologisierte, über das Martyrium werktätiger Bevölkerung, ließ sie das brav über sich ergehen und widersprach nicht. Hinterher schrieb er, sie hätte ihm Briefe geschrieben, ohne anzudeuten, was darin gestanden haben könnte, ohne jedes Zitat; nur daß er für die Postskripta den Rest gegeben hätte. Einerseits geistreichelte er herum, wir müßten das Leben dechiffrieren, andererseits, daß Nadja ihm kein Rätsel sei, sondern ihn für immer vom Rätsel entferne. Sie trafen sich ab und zu, und schon gestand er ihr zu, sie sei in sein Leben eingebrochen.

In den Gängen ihres Hotels leistete sie sich »Überspanntheiten«, die unersprießlicherweise von Breton nicht näher präzisiert wurden, aber die zu ihrer Einweisung in die Anstalt von Vaucluse führten. Man benachrichtigte Breton, Nadja sei wahnsinnig geworden; was ihn auch nur wieder zum Drauflosphilosophieren veranlaßte, alte Quasiweisheiten auszuspenden, daß in Irrenanstalten Narren erst gemacht würden, wie in Zuchthäusern Straßenräuber gemacht würden, und daß seiner Meinung nach alle Internierungen willkürlich seien, spießige Verlautbarungen, die ihn nicht hinderten, sich selbst ein apartes »Delirium« zuzuschreiben – wie süperb. Seine Verachtung der Psychiatrie – ließ er apart verlauten – hinderte ihn, sich zu erkundigen, was mit Nadja dort geschah. Stattdessen pfriemelte sein Hirn herum, Nadja würde alles (was alles?) »zum Tagesanbruch führen« (was für einem?) und gerade deshalb (Logik, wo bleibst du?) dürfe er sie nicht wiedersehn. Statt als Orpheus seine Eurydike aus dem psychiatrischen Orpheus hervorzuholen, machte er mit verqueren Hegelzitaten herum, und molk sich raisonnements ab à la, daß die Schönheit weder dynamisch noch statisch sei, und das Herz des Menschen schön wie ein Seismograph, und: »Da du bist, wie nur du allein sein kannst, war es vielleicht nicht sehr notwendig, daß es dieses Buch gab.«

Wie J.S. Bach gegen seine Liebhaber verteidigt werden wollte, so hätte man Nadja vor Breton schützen müssen und müßte es immer noch. Von Anfang an stand der blasiert hochtrabende Denker, der sich für einen Surrealisten hielt, im Verdacht, selbst angebliche wörtliche Aussprüche Nadjas umzumodeln, bzw. pickte er nur solche raus, die ihm in seinen kopflastig herumtheoretisierenden Kram paßten, während er bei Nadjas detaillierten Lamenti über ihre erbärmliche Lebenslage immer öfter auf Durchzug stellte. Angebliche Nadja-Aphorismen wie »Die Tatze des Löwen drückt die Brust des Weinbergs«, hörten sich in Bretons Buch ab ovo arg unempirisch, allzu hochpoetisch, nämlich: synthetisch, genauer: getürkt, noch genauer: bretonisiert an, genauso weitgehend, wie Annemarie Schimmel unvergleichliche Dichterfürsten wie Fariduddin 'Attar und Maulana Rumi auf den Level ihrer hausbackenen Gesangbuchreimerei hineinzuzwingen sich nicht scheute. Einerseits verdankte man Schimmel und Breton die Kunde über Rumi und Nadja, andererseits wollte das Produkt eines ungemäßen Filters für die Speise selbst gehalten werden. Schamsuddin von Täbris und Alexis Sorbas haben sich auf ewig zu begnügen, einzig der verherrlichenden Projektions-Optik von Rumi und Nikos Kazantzakis zu willfahren, weit und breit keine Gegenprobe möglich, mangels Kontrollquelle. Zum Ausgleich dafür, daß die Überlieferer bloß überlieferten, was

Nadja: »Ich bin die irrende Seele.«

ihrer Hutgröße entsprach, werteten sie womöglich ungenügende Ausgangsmodelle aus und möbelten sie salonfähig auf. Breton ahnte seine Unzulänglichkeit: »– ich bin vielleicht nicht auf der Höhe dessen gewesen, was sie mir vorschlug. Was schlug sie mir aber vor?« Breton benutzte Nadja, um über sich selbst schmeichelhafte Sachen loszuwerden à la: »Du bist mein Meister«, wie ja auch Dschinny, der feminin entzückende, leichtbekleidete, wohlgeformte Flaschengeist, ihren beförderungsreifen US-Schulterklappen-Major, noch um 1965, stets so unemanzipiert wie möglich »Meister« nannte. Bretons hochtrabend konfuse Berichterstattung wurde hoffentlich nicht Nadja angelastet; mal rühmte er ihre Intuition und Medialität; dann wieder notierte er grundlos, »offen gesagt«, sie hätten sich vielleicht nie verstanden. In Sachen eventueller Sexualität druckste er so herum wie der sich als Verführer darstellende Sören Kierkegaard, bzw. man druckste nicht, sondern klammerte alles kleinlich und peinlich aus. Einerseits erlag er Nadja, als wenn Erotik vorhanden gewesen wäre; andererseits dunkelte und würgte er alles, was interessant gewesen wäre, fast völlig ab. Nur in einer Fußnote berichtete er kurz, beim Autofahren, er am Steuer, hätte Beifahrerin Nadja ihm per pedes auf seinen Gaspedal-Fuß gedrückt und ihm zugleich die Augen zugehalten, um gegen Bäume zu fahren, was dann aber wiederum nur Gleichnis sein sollte, sich auf rückhaltlose Liebe nicht einzulassen, da das sonst nur eine Höllenfahrt geworden wäre – kümmerliche Verweigerung, Extreme nicht nur nicht auszuschöpfen, sondern kaum anzuvisieren, so als wär Humbert Humbert in Sachen Lolita bloß Voyeur geblieben.

Am 21. März 1927 wurde die so genannte Nadja interniert im L'asile de Perray-Vancluse, der Irrenanstalt Sankt Anna. Zum nächstmöglichen Termin, 1928, publizierte Breton dann »Nadja«. So erfolgreich wie Truman Capotes »Frühstück bei Tiffany« oder Tennessee Williams' »Endstation Sehnsucht«, im Direktvergleich aber arg bemüht, unlebendig, hölzern, unbeseelt wie surrealistische Plastiken und Environments, duftlos, farblos und abstrakt wie Monsieur Teste. Aber ganz Paris stürzte sich drauf, als wenn Nadja Bein und Fleisch gehabt hätte. Manch eine Leserphantasie umkleidete die anämische Attrappe nachträglich mit etwas Aura, die vor Ort sicherlich nicht fehlte, aber vom Ausbeuter Breton nicht so recht rübergebracht werden wollte und konnte. Breton verstrickte sich ins Urparadox des Roman nouveau und aller Expressionisten, keinesfalls eine Story erzählen oder gegenständlich malen zu wollen, dann doch zu erzählen, aber schlecht und plump zu malen und der Kritik dann zu sagen, man hätte weder malen noch erzählen wollen. Breton ahnte noch nichts von Adorno, der Thomas Manns Beschreibung von Funkenschwärmen der Münchener Trambahn haushoch über alle Mann'sche Künstlermetaphysik stellte.

Am 11. April 2003 wurde ein Tresor mit Bretons Papieren geöffnet, Wert: 140000 Euro, darunter 27 Briefe von Léona Camille Ghislaine Delcourt, aus den Jahren 1926/27, flammende Appelle in unsicherer Orthographie, auch Vorwürfe an einen Mann, der's nicht recht hinbekam, sie zu lieben.

Worte von Nadja: Es gibt gute Leute. – Das Rosa ist besser als das Schwarz, aber sie stimmen zusammen. – Warum schwankte diese Waage in der Dunkelheit eines Lochs voller Eierbriketts? – Die Gedanken nicht mit dem Gewicht seiner Schuhe beschweren.

Nadja über sich selbst: Ich bin die irrende Seele. – Du glaubst, daß ich sehr krank bin, nicht wahr? Ich bin nicht krank. – Ich bin nur ein Atom, das im Winkel deiner Lippen atmet oder stirbt. Ich möchte die Heiterkeit eines tränenbenetzten Fingers berühren. – Ich steige die Treppen runter, die mich zum Glück führten. – Mitunter ist es schrecklich, so sehr allein zu sein. – Vielleicht hab ich zuviel nachgedacht, oder nicht genug.

Andere über Nadja: Niemals hatte ich solche Augen gesehen. (*André Breton, 1928*) – Dem Autor wird schnell bewusst, dass Nadja eine befremdliche Macht der Faszination umgibt, die ihr ihre Schönheit verleiht. (*Wikipedia 2012*)

Zu kultiviert für diese Welt – Paradiesvogel im Gimpelnest

Blanche DuBois – Lehrerin, Romantikerin, Rollenspielerin, Torschlußpanikerin, Neurasthenikerin, Manikerin, Dame, Seele, Kultur-Sensibelchen (geb. um 1910 – † unbekannt)

Die höheren Töchter Blanche und Stella wuchsen auf dem Landgut »Belle Rêve« auf (Schöner Traum), altem Familienbesitz französischer Hugenotten, mit 20 Ackern Land, bereits als Mädchen – Tierkreiszeichen: Jungfrau – umschwärmt von Verehrern, von denen einer seiner verehrten Blanche eine Fuchsboa schenkte. Mit sechszehn verlor sie sich an einen überzarten, meerblauäugigen Problemjüngling, leuchtete verliebt auf, himmelte ihn an, diesen Allan, hielt ihn für übermenschlich, verfiel ihm bis zur Unaushaltbarkeit, aber erwischte ihn dann mit dessen älterem Lover, ging mit beiden beschwipst in ein Tanzlokal, wo sie zur Polka »Varsouviana« Allan ihren Ekel vor dem, was sie gesehen hatte, nicht verhehlte, worauf Allan das Lokal verließ und sich draußen in den Mund schoß. Sie kam nie darüber hinweg. Zugleich zerrann das verschuldete »Belle Rêve« ihr finanziell unter den Fingern. Sie zog in ein Hotel, Flamingo oder Tarantel, wo sie sich in zwei, drei überstürzte Affairen warf, verzweifelt lebensgierig, um sich abzulenken, um die letzte Polka, die in ihr drehwurmartig weiterspielte, zu übertönen, und wurde stadtbekannt als leicht verführbare Dame. Ein Kaufmann Kifaber, den sie abwies, verbreitete Gerüchte über sie, mit Spätfolgen. Als sie dann etwas mit einem Siebzehnjährigen hatte, als alternde Englischlehrerin, flog sie von der Mittelschule in Laurel. Vom Bürgermeister schier der Stadt verwiesen, suchte sie Zuflucht bei Stella in New Orleans, fuhr in einer Straßenbahn, des symbolüberladenen Namens »Desire« (›Endstation Sehnsucht‹/›Endstation Begierde‹), kam an im französischen Arbeiterviertel, wo Stella inzwischen arg unstandesgemäß geheiratet hatte: den gut durchtrainierten Techniker Stanley Kowalski, in beengten Verhältnissen. Blanche, eine schöne Seele, zeitgemäßer gesagt: labile Persönlichkeit, nicht ohne allerlei Rest-Attribute einstiger begüterter Lebensart, Herzensgüte, Geisteskultur, guter Erziehung, wurde nun als Gast notdürftig untergebracht in hellhörig straßenlärmdurchtönter Armeleute-Zweizimmerwohnung. Neben grölender Pokerrunde whiskeysaufender Machogesellschaft aus Ranchern, Cowboys, Spaniern in Monteurskluft oder Kegelclub-Uniform, texanischen, potentiellen Dabbelyou-Bushwählern, zwischen Flaschenöffnern, Gasolin-Atmosphäre und Pik As, baute Blanche ihr Toilettentischchen auf, wo sie sich frischmachte, schönmachte, jüngermachte, ihr Eau de Cologne erneuerte, ihre Silberfuchsschwänze und Negligees ausbreitete, herzförmige Schmuckkästchen aufstellte, haltgebende Ruheinseln seelischer Kultivierung. Sie brachte ein wenig Lebensart und Überbau in die Baracke; sie umhüllte die kahle desolate Glühbirne mit einem chinesischen Papierschirm; sie bevorzugte Kerzenlicht, ging nie vor 18 Uhr aus, nur in Lokale mit nicht zu starker Beleuchtung, kokettierte leicht affektiert mit ihrem wirklichen Alter, Fishing for Compliments, mit Gebärden einer Grande Dame à la Colette, einer kaum angewelkten Filmdiva, die ihr parkettsicher melancholisches Verwelken aufzuhalten versuchte, grenzenlos deplaziert, wohl nicht nur in dieser Welt. Oft stundenlang, oft mehrmals täglich nahm sie Schaum- und Dampfbäder, blockierte den Bath Room, bis Stanley schier die Blase platzte. Die Kluft zwischen Bourgeoisie und fast asozialem Milieu verschärfte sich zum Weltgegensatz von Pierrot lunaire oder Hungerkünstlerin und muskulös blühendem Panther, kurz: Madonna & Gorilla unter einem Dach, als Modellversuch. Prinzessin auf der Erbse went to Conan, dem Barbaren. Altes abendländisch sublimiertes Europa meets unbelecktes Amerika. Der Prol Stanley, klebrig von Wagenschmiere oder vom Fett abgeleckter Kotelettknochen, fühlte sich kannibalisch wohl, als wie fünfhundert Säue. Der ›gesunde Polacke‹ titulierte sie »Ihro Majestät« und »Kanarienvogel«, mokierte sich über ihre »lilienweißen Finger«, tat ihre damenhaften Allüren ab als ›Hollywood-Getue‹ und ›Affenkomödie‹ und ihr angeknautschtes Abendkleid aus weißem Satin als ›Aschermittwochskostüm‹. Indeed, ihre Markennamen, Vornehmheiten, Kostbarkeiten, ihr Bouquet aus künstlichen Veilchen, stammten aus Tiffany-Flohmarkt und Sommerschlußverkauf. Des grobstofflichen Grobians Vierziger-Jahre-Radiojazz prallte auf Blanches »La Valse«, auf alle subtilen Schauder von Long ago & Too late. In Blanches Plauderton, hautnah ans Wasser gebaut, zitterte Urangst vor Unkultur. Geringste Aufregungen führten zu Beinahe-Ohnmachten, eine ideale Hysterie-Patientin Prof. Freuds, edlen Likör-Angeboten nicht abhold. Die Törin des Verblühens klammerte sich an vorrevolutionäre Umgangsformen, Konversations- und Höflichkeitsrituale. Bezauberbar durch jede Art kulturgesättigter Verfeinerung, und sei's nur auf naßrasiertem Kavaliersniveau, versuchte sie sogar im gedrungenen Arbeits- und Pokerkollegen Mitch (104 kg schwer) was Positiveres zu erblicken als den vulgären Stanley. Die Kameliendame nannte den tumben Mitch ›Armand‹, imaginierte sich und ihn in ein kleines Künstlercafé am linken Seineufer, bat ihn französisch zu parlieren. Mitch ahnte dumpf, daß er ihr nichts zu bieten hatte und sie zwei Nummern zu federleicht und zerbrechlich war für ihn, schämte sich im schweißverklebten Hemd seiner Kumpel. Sie aber rühmte den korpulenten Trottel, er sei ein echter Gentleman, »einer der wenigen, die es heute noch in der Welt gibt«. Er aber nahm, wegen der Gerüchte über ihr Vorleben, Abstand. Blanche stürzte sich seelisch ertrinkend auf einen beliebigen Beitragseinkassierer wie auf die entschwindende Jugend, hielt ihn an der Tür auf, bat ihn um Feuer und Uhrzeit, flehte den morgenländischen Prinzen, den sie im Laufburschen

Blanche DuBois: »Ich muß zugeben, daß ich es liebe, bedient zu werden.«

sah, ihm einen Kuß geben zu dürfen, rief sich dann zur Raison und verabschiedete ihn mondän mit einem ›Adios!‹

Als Stella mit Baby niederkam, machte sich Blanches Schwager Stanley situativ an seine aufgekratzte, manisch lebhafte Schwägerin heran, trug sie aufs Bett; bald darauf rief man hinter ihrem Rücken die Nervenheilanstalt herbei. Während Blanche sich zurechtmachte für Shep Huntleigh, einen kultivierten Petro-Millionär aus alten Zeiten, aus Dallas, den sie angeblich in Miami wiedergetroffen hatte, wurde sie stattdessen vom Arzt in Zivil abgeholt; die resolute Krankenschwester ging sogleich mit Polizeigriff an den Fall heran; der Arzt aber bot ihr nur in aller Höflichkeit elegant und gentlemenlike den Arm, und schon kam sie freiwillig mit wie mit einem neuen Verehrer. Laut Stanley, einem Überlebenden der Steinzeit, hinterließ sie nichts als verstreuten Puder und leere Parfümflacons. Hinter der abgeholten einzigen fühlenden Brust unter Hartschädeln und Brachialos schlug die Woge grölenden Pokerns zusammen – o welch eine zarte Seele wurde hier zerstört! Mit Federboa schritt sie aufrechten Gangs in die Klapsmühle. Vorhang. Dann verlor sich ihre Spur.

Bei der Uraufführung von ›Desire‹ eignete sich Marlon Brando sofort bestens für die Rolle des Stanley im Unterhemd; bei Blanche DuBois aber, die Tennessee Williams mit »tragischem Leuchten« umkleidete, wurde es schwierig: Die zunächst anvisierte Margaret Sullavan kam viel zu bodenständig und sportlich rüber; sie spielte schier mit Tennisschläger in der Hand, viel zu stanley-kompatibel. Jessica Tandy und Vivien Leigh, 1951, kamen der wirklichen Blanche DuBois erheblich näher.

Blanche DuBois über sich: Ich mag keinen Realismus. Was ich will, ist – Magie! Deshalb stell ich die Dinge anders dar, als sie sind. – Ich flunkere gern ein wenig, ich weiß das. Schließlich besteht der Charme einer Frau aus 50% Illusion, aus Spiel. Aber wenn es sich um eine wichtige Sache handelt, pflege ich klipp und klar die Wahrheit zu sagen. – Ich kann nicht einmal multiplizieren! Nein, ich habe das Mißgeschick, eine Lehrerin in englischer Literatur zu sein. Ich versuche, einer Horde von Backfischen und Drugstore-Romeos Hochachtung für Hawthorne und Whitman und Poe beizubringen. – Ich danke Ihnen, daß Sie so gut zu mir sind! Ich brauche das jetzt ... Güte. – Würden Sie es für möglich halten, daß ich – früher einmal – für attraktiv gehalten wurde? – Eine nackte elektrische Birne kann ich ebenso wenig ertragen wie eine rohe Bemerkung oder eine vulgäre Behandlung. – Manches Mal – kommt Gott uns nahe – so schnell! Mit einem Male! – Den Rest meines Lebens werde ich an der See verbringen, und wenn ich sterbe, will ich auf offener See sterben. Weiß du, woran ich sterben werde? Am Essen von ungewaschenen Trauben werde ich sterben!

Überm Tschador – Doktorhüte

Annemarie Schimmel – Islamwissenschaftlerin, Sufilogin, Asienkennerin, Doktormutter, Grand Old Lady, Friedenspreisträgerin (1922–2003)

Beinahe wuchs sie über ihr preußisch liebevolles Milieu in Erfurt – eingesponnen in den »Sinn für alles Schöne« begabter Töchter – kaum hinaus: Ins häusliche Ambiente selbstgestrickter Pullover, des lieben Gottes, Tante Uli, schönen Blumen und »ich liebte Oma zärtlich« schlug 1929 »wie ein Blitz« in die kleine Annemarie das orphische Ur- und Erweckungswort eines persischen Märchenbuchs ein: »Die Menschen schlafen, und wenn sie sterben, erwachen sie«. Zwischen Lebensmittelkarten und Besatzungszonen lernte sie als halbes Kind Arabisch und ab 1935 Persisch und Türkisch. Bereits mit neunzehn promovierte sie (über Mameluken-Kalife und Kadis), versenkte sich in Sufismus, habilitierte, dozierte, publizierte. Weiterer spiritueller Blitzschlag schlug am Wegesrand ein: Maulana Dschelaluddin Rumi. Fräulein Schimmel übersetzte, stets im Geiste Friedrich Rückerts, sogar aus Urdu. 1954 ging sie, mangels deutscher Angebote, nach Ankara. Grand Old Men à la Wilhelm Gundert, Gershom Scholem, Karl Kerényi, Rudolf Pannwitz, Fritz Reuter neigten sich der jungen Orientalistin, die an Eranos-Tagungen teilnahm, wohlgefällig zu.

Renommierte Religionshistoriker und ukrainische Turkologen kreisten mit dänischem Akzent um akkadische Kultur, und die überwältigende Gastfreundschaft tüchtiger Freunde, wie der frühere Vice-Chancellor der University of Sindh, wechselte ab mit Enttäuschungen. Lebensstationen: Harvard, Sydney, Tokio, alles magna cum laude. Sie sah alle Subkontinente und deren gewaltige Umayyadenmoscheen und Mausoleen. Dschamila (die Schöne), wie ihre türkischen Freunde sie bald nannten, gastierte exquisit bei Koryphäen, Kapazitäten, »führenden Familien des Landes«, Orientalisten und auch Orientalen, die vielfach selber es zum Kulturattaché, Gouverneur, Senator, Goethe-Institutsleiter brachten, zum promovierten Dichter, zur dichtenden Ministerpräsidentin, zur »hochintelligenten Bengalin«. VIP-Connection-Schwemme, lang bevor das Unwort »name dropping« aufkam, nahm Ausmaße an: Frau Prof. Schimmel kontaktierte mit Inayat Khan, Halladschexperte Louis Massignon, Cahit Külebi, Halide Nusrat Zorlutuna, Königin Juliane, Bundespräsident Roman Herzog. Die Katze ihres Leibarztes wurde bereits von Yehudi Menuhin und dem Dalai Lama Nr. 14 gestreichelt! Prinz Hassan war ein wunderbarer Mensch und Begum Shayeste eine der interessantesten Frauen Pakistans. Pausenlose Traumverwirklichung: Dialog der Kulturen und Religionen. Schimmel staunte über die Begeisterung junger Türken für Martin Luther. Sie vermittelte zwischen evangelischem Frauenbund und Harem, zwischen Beschneidung und Karagöz. Pfauenräder aus Ehrendoktorhüten: Aleppo, Islamabad, Uppsala, Hyderabad. Weil sie, statt sich fachdisziplinär mit Semitistik oder Osmanistik zu begnügen, mehrere Kulturkreise auftat, elektrisiert bis empathisch, wurde die unglaublich Vielseitige – Baukunst, Miniaturmalerei, »meine geliebte Kalligraphie«, islamische Garten- und Kochkunst, Scherenschnitte, Tiermärchen – mit Preisen überhäuft und mit Definitionen à la »wandelnde Islam-Enzyklopädie«, ja: »Universalgelehrte« (NZZ). In der Schweiz sammelte sie tiefe geistige Erfahrungen. Ungezählte »zauberhaft« – ihr Hauptadjektiv, Freunde und Weggefährten zu charakterisieren – mußten Lektorate ihr rausstreichen. Manchmal kam die zuspätromantische Morgenlandfahrt dieser tief hineinriechend eintauchenden Überfliegerin sogar in der Dritten Welt an, spätestens, wenn man ihr im Bazar die Handtasche wegriß. Bei ergötzlichen Unannehmlichkeiten, Jeepproblemen in der Wüste, sanitärem Chaos, verlor Frau Schimmel ihr sonniges Gemüt nie, bei ungenügender Bewirtung schon eher. Blieb sie irgendwo »ungefrühstückt«, wußte sie das noch nach Jahrzehnten. Einen Straßensufi in Elazi alias Harput/Anatolien, der ihr Hellseherei in Aussicht stellte und sie penetrant anflehte, seine Jüngerin zu werden, stieß sie ungnädig und ungläubig zurück. Irgendwo mußte sie eine geländerlose Steiltreppe hoch, und in Kilis bekam sie morgens aufwachend das Problem, daß von außen eine Menschenmenge reinsah und sie sich nun vor aller Augen irgendwie ankleiden mußte. 1988 f. hatte sie beim erneuten Besuch von Konya, Tunis, Schiras, inzwischen zur Autobahnkreuz-Metropole nivelliert, schwer zu schlucken, weil sie das alte, halb mittelalterliche, von Rumiversen durchflutete Konya der fünfziger Jahre nicht mehr wiederfand: »Es war zum Weinen.« Nicht nur hatte »Istanbul viele Gesichter«: Sie behandelte ihre stille demütige Schülerin Gisela Wendt, sobald diese gleichfalls aus Fariduddin 'Attar und Rumi zu übersetzen wagte, schofel und schwieg sie in ihren akribischen Bibliographien demonstrativ tot. Sie rügte Sufimeister Idries Shah, er würde die strenge mystische Suche der Sufis süßlich verwässern, ohne ihrerseits über vorexpressionistische Poesieauffassung hinauszukommen; Jahrzehnte nach Benn und Brecht litten ihre Übersetzungen an unbewußt eingesickertem Gesangbuchton. Das bodenlose Meer der Seele sandsturmgezausten Orients, unter Frau Prof. Schimmels polyglotter Obhut, gebar wider Willen Stilblüten, verdünntes Weihwasser, Hausfrauen- und Marienlyrik, Niveauschwulst, geistliches O-Seele-Aufgebot, Gnade, Güte, Erbarmen, Gottesglanz, Juwelenschmuck, der Liebe Huld und Weh, »– die Perle zu empfah'n«, »o Herr, Dein ew'ges Licht«, »geziemt dem Herzen«, »Herzblut trinken«, »blut'ge Tränen«, »trägt 's Veilchen Deines Klosters Ordenskleid«. Maulana Rumi, dessen unsterbliche Seele plotinisch im Papageienkäfig seines ephemeren, einengend vorhandenen Leibes festsaß, von Frau Schimmel zu »geistiger Speise« verharmlost, klang bei ihr merkwürdig evangelisch, konventioneller als Salman Rushdies geistsprühende Weltliteratur, und schon waren Orient und Okzident ökumenisch nicht mehr zu trennen: Ghazelendichter, Wüstensöhne, Mittelalter-Mystiker dichteten durch den Zwischenfilter Schimmel allesamt wie Paul Gerhardt und Gertrud von le Fort (»Hymnen an die Kirche«, 1924). Obwohl Frau Schimmel auf ihren Reisen – bei aller Pauschaltouristenverachtung – alles herrlich fand, atemberaubend, überwältigend, gewaltig, fühlte sie sich angezogen vom pessimistischen Fariduddin 'Attar von Nischapur, der im Gegensatz zu ihr Medaillenbehängung und Königswürden verachtete und Schmerz hinausschrie. Der Blick, den die Kongreßsekretärin hinter wahlverwandt nachempfundenen Tränenschleiern ins Weltall warf und der alldort vielleicht sogar ankam, verblieb in hochpoetischem Terrain, zumal Rose und Nachtigall tatsächlich sehr zauberhaft sangen und dufteten, und der »strahlende Sonnenschein« alles vergoldete. Kraniche schrieben geheimnisvolle Zeichen in den Winterhimmel.

Schwärmerei warf man ihr vor, romantizistisches Orientbild, irreale Islamverherrlichung, unkritisches Verhältnis. Hingegeben kreiste sie um Tasawwuf (Sufismus) und Tawakkul (Gottvertrauen), statt auch um Takalluf (Kokolores): Brutale, inhumane, obszöne, närrische Islamaspekte kehrte sie taktvoll unter den Perserteppich. Andererseits schrieb keiner ein umfangreicheres Standardwerk über »Mystische Dimensionen des Islam«, was ein Neider »Konfektions-Sufismus« schalt. In 97 Prozent ihrer internationalen Handshakes, Festreden, Festschriftbeiträgen, Selbstlob, »kostbar gedeckten« Festbanketten, ging der »Duft der Heiligkeit« als einprozentiges Kompott aus tiefreligiösen Gesprächen unter. Doch Rumi und Fariduddin 'Attar, in deutschem Sprachraum langfristig an ihr Engagement für Völkerverständigung gekettet, hatten ihrer Fachkompetenz zeitlebens dankbar zu bleiben. Ihr Publikationstempo gab Ahnungslosen Gelegenheit, vom Ozean indomuslimischer Geisteswelt zu nippen. Die Vermittlerin wurde berühmter als das Vermittelte (wie im Casus Marcel Reich-Ranicki). Afghanistan, in die Steinzeit zurückgebombt, versuchte den Tschador weinend abzulegen, vergebens; die Bundesverdienstkreuzträgerin und Präsidentin der IAHR legte den Tschador bebrillt lachend an, betont linientreu. Gerüchte, in Asien träte sie als Muslima auf, in den USA als Christin, hingen unentschieden in der Luft.

Lahore benannte eine Straße nach ihr. Selbst noch ihre Augen-Laser-OP nannte sie unverwüstlich »eine großartige Sache«. Fachkollegen und Freunden sandte sie Geburtstagspäckchen. In der Türkei sah sie am schönsten Aussichtspunkt – einen Blinden sitzen. Vorträge hielt sie, die allmählich erblindete, mit geschlossenen Augen, frei, verinnerlicht, sehr beeindruckend.

Ihre vielkritisierten Audienzen bei Diktatoren wie Bhutto und Zia ul-Haq hatte vorauseilend bereits der Prophet selber gerügt: »Der schlechteste Gelehrte ist der, der Fürsten besucht, und der beste Fürst ist der, der Gelehrte besucht« (wie Helmut Kohl Ernst Jünger). Dann distanzierte sie sich nicht deutlich genug von Ayatollah Khomeinis Fatwa gegen Salman Rushdie bzw. verschreckte im Smalltalk zivilisierte Gastgeber in Boston mit dem Wortspiel: »Rushdie = die rush! = stirb rasch!«, und der Gebärde: Zeigefinger schnell über die Kehle gezogen, obwohl sie als Sufikennerin eigentlich mit Mansur al-Halladsch sympathisierte. Die BRD heulte auf, was die Hochdekorierte erst richtig bekannt machte. Im Vorfeld der Verleihung des Friedenspreises des Deutschen Buchhandels protestierten 550 Verlage und Buchhandlungen gegen ihre Auszeichnung. Taslima Nasrin, Bassam Tibi, Daniel Cohn-Bendit, Ralph Giordano, Günter Grass, Jürgen Habermas, Erich Loest, Sigrid Löffler, Reinhard Mey, Günter Wallraff, Peter Zadek, Elfriede Jelinek, die vorschlug, den Preis statt dessen Salman Rushdie zu geben, engagierten sich islamkritisch als Sittenwächter, funktionell also mehr oder minder selber Mullahs, die nun die angebliche Fundamentalistin (die oft Verfolgten geholfen hatte!) zum Hexenjagd-Freiwild machten. Ihre Zunft hielt sich mit Kritik zurück; viele verdankten ihr die Professur. Weder Preisverleiher noch Preisempfängerin ließen sich die Vergabe nehmen. In knallvoller Paulskirche, wohin sie »wie zur Hinrichtung« schritt, wurde ihr eine »geradezu mystische Erfahrung« zuteil – Engel schienen im Raum zu schweben – Halladsch-Persiflage? Kollektiverregung verebbte; man ging zur Jagd auf andere Sündenböcke über: Kaufhauserpresser, Pleitemilliardäre, Terrorchefs. Trotz aller Vorwürfe, sie brüste sich mit ihrem Diktatoren-Plausch, in Präsidentensuiten neben Folterkellern, bildete die Islamexpertin die beanstandeten Fotos später erneut ab, in ihren Memoiren 2002, worin sie u.a. ihre türkische Heirat verschwieg. Dann stürzte sie unglücklich eine Treppe hinab und starb.

Magische Namen wie Isfahan, Buchara, Trapezunt, Palmyra, Punjab, Samarkand, Kappadokien, Kubadabad schossen zu einem kufitischen Tausendvierundzwanzigeck zusammen und überstrahlten den irdischen Ruhm jeder gereimten und ungereimten Talentprobe Frau Prof. Dr. Annemarie Schimmels. Die golddurchwirkte Sonne Arabiens, die Schimmel ins vernieselt untergegangene Abendland holte, schimmerte durch Schimmels Abdämpfschleier wie Schimmels angeborene Kassen- und Sonnenbrille durch Schimmels Tschador. 2004 erschien postum ihre Sammlung islamischer Lyrikerinnen »Ein Buch namens Freude«.

Worte von Annemarie Schimmel: Selbst der sonst verachtete Osmane / Schwenkt zum Glückwunsch seine Halbmondfahne. / Ach, der Gratulanten sind so viele! Ihnen schließt sich herzlichst an: Dschamile. – Ein echter Prinz aus Kapan kommt bestimmt, / daß sich nur jeder ordentlich benimmt! – Was braucht ein Swami denn ein Bett? Genügt ihm nicht ein Nagelbrett? – Der Eidex sonnt sich still am Bach, der Index läßt mich stöhnen – ach ... / Der Eidex tanzt den Sonnentanz, / der Index hat 'nen langen Schwanz. – Hatte nicht der große persische Mystiker Ruzbi-

Annemarie Schimmel: »So lernte ich Afghanistan kennen und lieben.«

han-i Baqli einst die Vision der Schönheit Gottes in Rosenwolken erfahren? – Der berühmte Mann berichtete jedoch den ganzen Abend höchst dramatisch von den Zahnschmerzen seiner Katze, statt mich in die Tiefen der mystischen Literatur einzuführen. – Die Tage in Khartum waren hochinteressant. – Es war ein Lächeln in der Luft, und zwischen den geborstenen Säulen eines antiken Theaters wuchs roter Mohn. – Denn welcher fromme Muslim hätte nicht Paul Gerhardts »Befiel du deine Wege« aus vollem Herzen mitsprechen können?

Orientalische Dichter, übersetzt von Annemarie Schimmel: Krumm und Schiefes rede ich, grüne Pflaume jedes Wort. – Du wohnst im Lenz im Rosenhage, / Dir duften Blüten alle Tage, / Doch immer neu klingt deine Klage: / Ach, warum weinst du, Nachtigall? (*Yunus Emre*)

Annemarie Schimmel über sich selbst: Ich hatte im Iran nie Probleme als Frau. – Leider habe ich die schlechte Angewohnheit, Ausdrücke wie »den könnte ich umbringen« oder »in den Rhein werfen« und ähnlichen Blödsinn auch zu meinen Freuden zu sagen, obgleich ich (und Sie kennen mich ja etwas) nicht einmal eine Spinne oder Fliege töten könnte und aus Abscheu vor all den Grausamkeiten im Fernsehen noch nie einen Krimi gesehen habe. (*Brief an Lucrezia Hartmann, Pfingsten 1995*) – Uppsala blieb mir seit jenen Tagen im Gedächtnis als ein Meer von Syringen, die überall ihren Duft verbreiteten. War es der Duft der Heiligkeit? – Die Hauptstadt erreichten wir einigermaßen lebendig. – Soviel ich weiß, brach ich alle Rekorde, indem ich insgesamt vierzig Vorlesungen hielt. – Und nicht zu vergessen: Wer könnte wie Sachiko köstlichere japanische und chinesische Speisen gewissermaßen aus dem Nichts zaubern? – Denn da es zur Zeit meiner Geburt Begriffe wie Cholesterin, Allergie oder gar Jetlag noch nicht gab, leide ich auch nicht unter diesen Übeln.

Andere über Annemarie Schimmel: Sie ist wirklich ganz einzigartig, vielleicht von einem anderen Stern, wo Menschen die Visionen haben, die sie besitzt. (*Prinz Sadruddin Aga Khan*) – Es war die Zeit, als einige sehr angesehene und einflußreiche Professoren ihres Fachs in Deutschland noch glaubten, mit Herablassung von Frau Schimmel reden zu dürfen, die ihnen als verschwärmtes Mädchen erschien. (*J.Chr. Bürgel: Laudatio zum 70. Geburtstag, 1992*) – Nie und nimmer dürfte eine Frau mit einem, um es ganz milde auszudrücken, derartigen Doppelgesicht den Friedenspreis erhalten. (*Johannes Mario Simmel, 1995*) – Die Originaltexte der umstrittenen Friedenspreiskandidatin zeigen, daß Schimmels Sympathie-Erklärung für die Rushdie-Killer keineswegs ein »Ausrutscher« war, sondern Teil ihres Universums ist. (*EMMA, 1995*) – Es ist das Schützlings-Syndrom« gegenüber ihrem »Lebensliebling Islam«, die »Pathologie der Umarmung«, die sich in dieser Professorin für Religionsgeschichte an der »islamisch-theologischen Fakultät in Ankara« und »Full Professor of Indo-Muslim Culture« an der Harvard-Universität in Cambridge personifiziert. (*Ralph Giordano, 1995*) – Denn sowohl die Religionsauffassung als auch die tagespolitischen Äußerungen von Frau Schimmel richten sich gegen das freie Wort. (*Herta Müller, 1995*) – Mitlaufen hat sie offenkundig gelernt, die Frau Schimmel, mitleiden nicht. (*Elfriede Jelinek, 1995*)

Zwischen Magerquark, Tiffany und Oklahoma

Holly Golightly – Lebenskünstlerin, Magazin-Schönheit, Plappermaul, Flittchen, Muse (geb. 1924)

Die Vollwaisin (TBC) hieß zunächst Lulamae Barnes. 1934 ging sie von daheim, aus Texas, fort. Mehrere Brüder hatte sie, vor allem die strubbelköpfige Bohnenstange Fred. Man trainierte ihr den Oklahomaakzent ab, via Französischkurs. Verführt schlitterte sie in eine Frühehe, 1938, mit Dr. Golightly (= Nimm's leicht), einem alten Pferdedoktor aus Tulip/Texas (Südstaatenakzent, Hut mit Schwitzflecken), der Kinder in ihrem Alter in die Ehe brachte, ihr eine fingerzahme Krähe schenkte und sie Gitarre lehrte. Sie, angestiftet von Mode-Journalen, brach aus, landete in New York, jobbte als Statistin, damals ziemlich pummelig, hätte beinah eine größere Rolle bekommen, ließ sich aushalten von disparaten Verehrern, Kavalieren, Bohemiens, Playboys, auch Asozialen, irgendwelchen Harrys, auch Marineoffizieren, Luftwaffenobersten und graumelierten Ekelpaketen, selbst vom fetten Mr. Sid Arbuck (Typ Höhensonne & Pomade). Allesamt nannten sie – minder oder mehr – »Herzchen«. Allesamt wickelte sie leichtfüßig um den Finger; fast alle mochte sie wohl auch irgendwo. Auf Barhockern scherzte sie mit vier Fellows auf einmal, improvisierte, koordinierte, schunkelte. Bisweilen tauchten x Senioren simultan bei ihr auf, freigiebig eingeladen, dann sich selbst überlassen, während sie im Bademantel durchhuschte, Pfützen hinterließ, in 4711-Wolken gehüllt; Naßzellen hießen damals noch Duschkabinen, und Topmodels – Fotomodell; und der Klaps, von dem manche meinten, daß sie einen hätte, hieß in späteren Zeiten Rappel, Spleen, Sprung in der Schüssel u.ä. Am Briefkasten ihres unweit vom Central Park gelegenen Appartements stand: »Miß Holly Golightly. Auf Reisen«. Ständig verlor sie ihre Hausschlüssel und klingelte nach 0 Uhr bedenkenlos japanische Nachbarn aus dem Schlaf. Zum Ausgleich betrieb sie Diebstähle bei Woolworth als Sport und um in Übung zu bleiben. Das Meublement in ihrem Appartement: unausgepackte Kisten, Untersatz für Martini-Mixung. Kofferradio, Vase mit gelben Rosen. Abends pro Haarwäsche trug sie einen Flanellmorgenrock, rauchte die Zigarettenmarke Picayune, las (wie Lolita) Billigmagazine, Reiseprospekte, astrologische Tabellen, besaß sogar Bücher (über Baseball und z.B. den Titel »Pferdemuskulatur und ihre Beurteilung«), ernährte sich von Magerquark und

Melba-Zwieback. Ohne ihre verordnete Brille, die sie als Sonnenbrille tarnte, schielte sie – stets tadellos gekleidet. In rauhen Mengen erhielt sie Soldatenbriefe voller Termini à la »lonely«, »love« und »damned«. Blasiert verwendete sie französische Termini à la »merde«. In Schwule konnte sie sich einfach nicht hineinversetzen. Für Chinesen und Neger schwärmte sie weniger. Auf ihrer Gitarre spielte sie ihrer rotgetigerten namenlosen Katze, die sie »armes Mistvieh« nannte, Oklahoma-Schlager, Cole Porter und Kurt Weill vor. Nie ging sie in den Zoo, um nicht Tiere im Käfig sehen zu müssen. Bisweilen überfiel sie das so genannte »rote Grausen«, so was Ähnliches wie »blaue Melancholie« (poetisches Synonym für Muffensausen, Floh im Ohr, Depression, Panikattacke). In der Edel-Luxus-Kaufwelt Tiffany

Holly Golightly sah in Wirklichkeit nicht so perfekt hollywoodesk aus wie Audrey Hepburn.

vermochte sie sich zu beruhigen/abzuregen/zu stabilisieren. Sie mochte die Stille, die Pracht, das Odeur von Silber und Brieftaschen aus Krokodilleder. Ihr wurde Tiffany zu einer Art Endstation Sehnsucht, zu einem Utopicum im Bloch'schen Sinne, sozusagen. In die Klatschspalten geriet sie, weil sie mit Rusty Trawler auftrat, einer millionenschweren häßlichen Mastgans, der sie mit Marihuana zum Kichern brachte. Als sie Rusty Infantilität vorwarf, wollte er sie mit einem Buttermesser erdolchen. Artikel über sie landeten dann in ihren Baseball-Books als Lesezeichen. Donnerstags fuhr sie monatelang im 8 Uhr 45-Bus nach Sing-Sing, um Sally Tomato zu besuchen. Einen Nachbarn 1943, der sie an ihren Bruder erinnerte, einen unbekannnten Schriftsteller, nannte sie einfach »Fred«. Genau wie Breton seiner Nadja selbstverfaßtes Zeug aufhalste, so las auch der angehende Writer und Simenonleser Truman Capote ihr, die nur eine mühselige Kindergartenhandschrift hatte, seine novellistischen Versuche vor. Er notierte, sie habe, als er ihr was vorlas, herumgefipselt und Aschenreste im Aschenbecher zerzupft – folglich lag das ADS-Syndrom bereits Jahrzehnte, bevor es Modekrankheit wurde, mit kompletter Symptompalette vor. Trotzdem hatte sie sogar Namen wie Hemingway und W. Somerset Maugham irgendwo gehört. Eine nette, betont platonische Relationship mit »Fred« entwickelte sich. Holly aber mußte, um ihm einen Vogelkäfig schenken zu können, mehrmals »pudern« gehn. Bisweilen versuchte er sich abzuseilen, sie für sich »ungeschliffene Exhibitionistin« zu diffamieren, als »Zeitverschwendung« und »absolutes Talmi«. Als ihr Bruder im Weltkrieg fiel, nannte sie ihren Quasi-Fred nie wieder »Fred«. Ab da zog sie sich in Winterschlaf zurück, mitten im Sommer, verlotterte, wurde wieder dicker, lief zum Kaufmann im Regenmantel, mit nichts drunter. Im Februar '44 ging sie in Urlaub mit drei Personen: Kinderpopogesicht Rusty, Mag und dem gutaussehenden Brasilianer José Ybarra-Jaeger, kam zurück, sonnenbraun wie Jod. Um mit ihm nach Rio auszuwandern und neun Negerbabys zu bekommen, lernte sie Portugiesisch auf Linguaphonplatten. Sie liebte ihn so, daß sie sogar das Rauchen aufgegeben hätte, wenn er's verlangt hätte. Er lachte ihr das rote Grausen fort. Trotzdem war er nicht ihre wirkliche Kragenweite, weil – er schmatzte zu laut beim Essen. Sie schwärmte eher für Nehru, Wendell Willkie, für die Garbo, plädierte dafür, eine Frau heiraten zu dürfen, ohne schwul (»lesbisch« war als Wort noch nicht im Schwange) zu sein, es mit einem Kriegsschiff zu treiben – Pansexualismus! Aber sie beschimpfte mal Madame Spanella als »schwules Balg!« Noch im März usw. stand ihr Christmastree herum. Angeblich hatte sie insgesamt nur elf Liebhaber (Narrenzahl!) und das mache sie doch wohl nicht zu einer Hure!?! Nicht umsonst zog es sie später nach Afrika, zusammen mit zwei unbekannt gebliebenen Männern, so um 1956, wo sich ihre Spuren dann verloren, wie im Großstadtdschungel. Ausgerechnet ihr früherer Nachbar, Mr. I.Y. Zunioshi (Yonioshi), plauderte Gerüchte weiter, nach denen ihre beiden Begleiter fieberheiß in Quarantänehütten darbten, während sie sich immun mit einem schwarzen Holzschnitzer einließ, der ihr ohnedies breitlippiges Konterfei in Tropenholz schnitt, ehe sie von hinnen ritt und ihre beiden kranken Kavaliere deren afrikanischem Schicksal überließ. Wer sie aus den Augen verlor, schwankte gar sehr, ob sie (wie Bretons Nadja) in eine Irrenanstalt gekommen oder einfach nur geheiratet habe und ruhig geworden sei.

1958 machte Truman Capote dann aus seinen Erlebnissen ein schmales Buch »Breakfast at Tiffany's«. Hollys Open-end-Story, unter Fortlassung der Afrikagerüchte, wurde von Hollywood 1960 kongenial verfilmt. Die Holly im Buch sah ganz anders aus als im Film, strahlte weniger Noblesse aus, nicht so zartziseliert, keine sublim-filigrane Hollywood-Porzellanfigur, sondern: nachweislich schräggestellte Augen, Stupsnase, breiter Mund, Clownslippen nicht unähnlich, aus derberem Holz geschnitzt, eine Negermaske. Nicht mal die Frisur wurde im Film nachgestellt; Audrey Hepburns Hochsteckfrisur unterschied sich vom streichholzkurzen Bubikopf ihres Modells Holly Golightly atmosphärisch erheblich. Lediglich ihre kerzengerade Haltung, ihre damals noch nicht als »anorektisch« diagnostizierbare Überschlankheit, stimmte hier wie da. Hollys Hintern wurde von Capone als »klein« und »flach« festgelegt.

Worte von Holly Golightly: Es gibt gewisse Schattierungen von Scheinwerferlicht, die einem Mädchen den Teint verderben.

Holly Golightly über sich selbst: Wenn es etwas gibt, das ich hasse, dann sind das Männer, die beißen. – Es ist eine Frechheit von mir, hier einfach so reinzusegeln. – Ich werde mich nie an irgendwas gewöhnen. Wer das tut, der kann ebensogut tot sein. – Mich regen keine Männer auf, wenn sie nicht wenigstens 42 sind. – Mit einem Writer bin ich noch nie ins Bett gegangen. – Lieb habe ich auch die Kinder, besonders die farbigen. – Auf Pferde bin ich verrückt, aber ich hasse Baseball. – Ich meine, man kann nicht mit einem Guy vögeln und seinen Scheck kassieren und nicht wenigstens versuchen sich einzubilden, daß man ihn liebt. Das hab ich nie gemacht. Selbst bei Benny Shacklett und solchen Widerlingen. Ich hab mich sozusagen hypnotisiert zu denken, ihre schiere Ekelhaftigkeit hätt einen gewissen Reiz. – Lieber möcht ich Krebs haben als keinen inneren Anstand. – Puh, ich schätze nun mal keinen Aktschluß, bei dem ich mich im Roseland-Rummelpark von irgendwelchen Hinterwäldlern herumbumsen lassen müßte, bis das Licht aus ist.

Andere über Holly Golightly: Sie wurde dick und fett wie eine richtige hübsche Frau. Und lebhaft dazu. Schwatzhaft wie eine Elster. Hatte zu allem und jedem was Witziges zu sagen – besser als das Radio. (*Dr. Golightly, Tierarzt aus Tulip*) – Sie ist keine Schwindlerin, weil sie wirklich so ist. Sie glaubt all den Blödsinn, den sie glaubt.

(*O.J. Berman, Agent in Hollywood*) – Miß Golightly jedoch, eine grazile Augenweide ungeachtet ihres Straßenjungenaufzugs in Hosen und Lederjacke, wirkte verhältnismäßig unbekümmert. (*Daily News, 1944*) – Ungeachtet ihrer schicken Magerkeit ging etwas wie ein Hauch Haferflockenfrühstücksgesundheit von ihr aus, eine Zitronen- und Seife-Sauberkeit, ein derbes Blaßrot überschattete ihre Wangen. (*Truman Capote, 1958*)

Zwischen Aas und Gott – Sinnspendung an tausend Sterbebetten

Prof. Elisabeth Kübler-Ross – Fachärztin, Sterbeforscherin, Pionierin (1926–2004)

Schon als Kind wandte sich Bethli stärker als ihre Drillingsschwestern Eva und Erika (die sie nur als Nachgeburt – 2 Pfund – foppten) hilfsbedürftigen Wesen zu, was ihr den Spitznamen »Pestalozzi« eintrug. Im elterlichen Keller betrieb sie ein Tierspital und verzieh ihrem kaninchenschlachtenden Vater dies nie. Leidenschaftlicher Gerechtigkeitssinn trieb sie voran. Ihr kritisches Verhältnis zur Kirche erwachte früh. Die junge Erntehelferin hörte tief erschüttert vom Einmarsch in Polen. Fräulein Bethli Kübler heiratete dann den Medizinstudenten Manny (Emanuel Ross). Erster Sohn: Kenneth. 1963–65: Lehrauftrag für Psychiatrie an der University of Colorado in Denver; dann Übersiedelung mit Family nach Chicago. Daß sie zunehmend um den Tod kreiste, war ihr nicht an der Wiege gesungen worden. Sie wuchs da so hinein, anhand dringender Bitten Betroffener. Weniger hilflos als Trauernde, die sie betreute, stand die Seelsorgerin und Gruppenleiterin der Standardfrage gegenüber: »Warum läßt Gott so was zu?« Kühn brach die Therapeutin das (angebliche) Tabu, über den Tod selten zu sprechen. Sie aber sah ihm ins Gesicht, allerdings jahrzehntelang stets nur dem Tod anderer, dies dafür immer öfter. Rastlos hielt die Kommunikatorin Vorträge vor Spitalpfarrern, in Schwesternschulen, Medizin-Fakultäten, Seminaren, Berufsverbänden, Bestattungsinstituten, Südamerika, Australien, Japan, Korea. Weltweites Echo. Kenntnisreich gründete die Vortragsreisende Trainingszentren und Hospize. Verständnisvoll regte die Krankenhausreformatorin die Einrichtung von Räumen an, in denen leidende Menschen angestauten Emotionen freien Lauf lassen konnten, so genannte Schreizimmer. Behutsam und mutig sprach sie vom »Reifwerden zum Tode«. Sie ermunterte und ermutigte zu angstfreiem Sterben und sinnerfülltem Leben. Berührungsängste kannte sie nicht. Ihr Hospital warf ihr vor, sie würden durch sie fürs Sterben berühmt, statt fürs Heilen und Überleben. Todkranke Kinder, die zu Weihnachten nicht heimdurften, entführte sie auf eigene Kosten aus dem Spital. Den unbeschreiblichen Frieden auf sterbenden Gesichtern nahm sie, gleichwie viele Beobachter vor und neben ihr, als Indiz und Beweis für die Realität höherer Welten, mitten im Zeitalter der

Endorphin- und Dopaminausschüttung. Obwohl sie sich stets mit neuestem Forschungsstand vertraut machte, lebte sie mit Evidenz dem Jenseits entgegen, wie Christen, Muslime, Sufis, Chassidim, abgerechnet Taoisten, Buddhisten, Atheisten. Eine visionäre Gestorbene teilte ihr mit, es gebe keinen Tod. Trotzdem lebte die Ärztin auf ihn zu. Sie bestätigte Hunderttausende in ihrem Selbstwert. Ihr täglich Brot: Ganzheit und Gruppenarbeit. Dahinvegetieren hieß auf Schweizerisch: ein Gemüse werden. Sie machte eine innere Wandlung durch, die sie am Beispiel des Schmetterlingskokons verdeutlichte. Die Weisheitslehrerin drang sogar ins von Richard Maurice Bucke so genannte »kosmische Bewußtsein« vor und betonte, daß man das mit Worten niemals wiederzugeben vermag. Esoteriker strebten sie zu vereinnahmen, bis ihre Schwestern sie warnten: »Hör uff mit dem spinnigen Zeug!«

»Die Frau des Jahres« wurde 1979 zur »Frau des Jahrzehnts« gewählt. Ihr Welterfolg ließ sich mit Schweizer Maßstäben nicht messen. Dreitausend Briefe erhielt sie 1980 pro Monat, später noch mehr. Die knapp zwanzig Bücher der alsbald 23fachen Doktorhutträgerin (andere Quellen meldeten 42 Doktorhüte; Dr. Helmut Kohl hatte nur 16, Thomas Mann bloß 22) wurden in dreißig Sprachen übersetzt (Auflage 2004: 1,4 Millionen). Sie gab kund, daß der Tod das Tor zum Leben und uns immer nahe sei, und übrigens ein untrennbarer Bestandteil der menschlichen Existenz, und daß die Antwort auf allerlei Fragen in einem selbst liege, und daß die Menschheit an einem kritischen Punkt stünde. Jedenfalls brauche in seinem Schmerz keiner allein zu bleiben – rundum sinnvoll sedierende Plattitüden, mit denen sie die Betroffenheitskultur belieferte, für Sprachforscher ein Reservoir und Pool des Psycho-Jargons.

Ihr Lambarene hieß Shanti Nilaya (Letzte Heimstatt des Friedens), gelegen in den Bergen von Escondido, bei San Diego. Als sie das Themenfeld sterbender GreisInnen und Kinder weitgehend ausgeschritten und abgegrast hatte, erweiterte sie ihre Kompetenzen auf weitere Final- und Filialgebiete. In fünftägigen Selbsterfahrungs-Workshops, aus denen keiner unverändert hervorging, ermunterte sie darmkranke Teilnehmer, deren künstliche Darmausgänge samt ihrem am Bauch befestigten Kotbeutel freizulegen und befreit darüber zu kommunizieren. Auch kämpfte sie für Frauen, Schwule, Graue Panther und gegen Vietnam. Auf Voyeurismusvorwürfe reagierte sie rein spirituell, tat kund, sie sterbe mit ihren Sterbenden mit, sei selber schon tausend Tode gestorben (grad wie Hermann

Hesse). Lebende sahen die Thanatologin als Aasgeierweibchen auf den Bettkanten der Altenheime; Sterbende sahen sie als versöhnliches Memento mori, bebrillte Allegorie zwischen EKG und Chemotherapie, Inbild der Einfühlsamkeit, letzte tröstende Instanz, Gegenbild zum Gevatter Tod, eine mütterliche Freundin Hein, ein weiblicher Hermes psychopompus, Vorzimmerdame des nachtodlichen Lichttunnels ins berühmte weiße Licht der ewigen Liebe und Güte. Spottvögel nannten sie den »Totenvogel«. Vom Assoziationshof gehörte sie eher auf den Level von »Love Story« als aufs Niveau von Gottfried Benns Krebsbaracke oder Elias Canettis Theorie vom Triumphgeheul des Überlebenden.

Elisabeth Kübler-Ross: »Ich will keinen nerven mit meinem Tod. Das hab ich als Lebende genug getan.«

In nekrophiler Fungesellschaft, die pro Tag dreihundertmal weniger Tote produzierte als in Film & TV (inklusive Black Romantic & Gothic-Kult), neben blühendem Leben wie Dolly Buster oder der eher sinnlich molligen Onaniepäpstin Betty Dodson wirkte die Sterbepäpstin angemessen abgezehrt. Sie sah in TV-Interviews dann selber recht bettlägerig aus, beyond the recovery. Weil sie achtundzwanzig Aids-Babys adoptieren und ein

Aids-Hospiz gründen wollte, wurde ihre Farm in Virginia von rechtsradikalen Christen o.ä. US-Gruppen angesteckt. All ihr nostalgisches Hab und Gut, Erinnerungsfotos, gewidmete Bücher, Friedenspfeifen, Maskottchen wie Spielbergs E.T.-Puppen, Andenken aus exotischer Übersee, verbrannten. Ein großer Teil von ihr starb bereits bei Lebzeit. Da sie trotzdem dort bleiben wollte, kidnappte ihr Sohn sie und siedelte sie bei Phoenix in der Wüste von Arizona an. 1995 führte ein Schlaganfall zu Lähmungen, die ihre Einfühlung in Sterbende weiter vertieften. Sphärisch umklingelt von aufgehängten Klangspielen und indianischen Adlersymbolen, umgeben von ledern ausgetrockneten Kandelaberkakteen, Vögeln namens Kardinal und weißen Friedenstauben, umgeben (wie Orpheus oder Madschnun) von Kojoten, die aus der Wüste herandrängten, vertrieb sie sie nicht, sondern ließ sie sie füttern.

Sie freute sich nach alsbald sechs Schlaganfällen auf das Wiedersehen mit allen gestorbenen Freunden nach deren und ihrem Tod. Je ungeduldiger sie ihn erwartete, desto geduldiger blieb er aus ... Jahr um Jahr, jahrelang. Zeitungen spotteten, ihr eigenes Sterben würde der Sterbepäpstin einfach nicht gelingen. Vor allem hoffte sie im Jenseits Gandhi, C.G. Jung und Pestalozzi zu treffen. Jedem Zaungast, z.B. Jean-François Duval, 1996, sagte sie, sie hätte genug vom Leben. Ihre Schwester aber verriet, daß die »Beth« durchaus noch leben wollte und dauernd betonte, sie müsse jetzt erst noch dies und das machen. Interviewer trafen sie sterbend an, drei Jahre später dann aber wieder munter, taff und fit. Mit ihrem gelähmten Arm konnte Frau Kübler-Ross plötzlich wieder Karateschläge austeilen. Auf einer Wohltätigkeitsveranstaltung in Phoenix (!) beteiligte sie sich aktiv an einem 10-km-Rennen für Rollstuhlfahrer. Nach einem Unfall im Jahre 2002 kam sie in ein Pflegeheim bei Phoenix. Ihr Wunsch, nach ihrem Tod durch alle Galaxien zu tanzen, hätte wörtlich von Nina Hagen gesagt werden können. Die tausend Betten, an denen sie gesessen hatte, verengten sich nun zu ihrem Bett, und Millionen TV-Geier guckten geduldig zu. Dann starb sie wider Erwarten doch noch.

Elisabeth Kübler-Ross wollte die Welt um ein weniges menschlicher machen. Sie gehörte mit Mutter Teresa, Franz Alt (der sie oft interviewte), Dalai Lama Nr. 14, Petra Kelly, Pastor Fliege, ihrem Lieblingsdichter Khalil Gibran und äußerst vielen anderen zu den prominentesten, engagiertesten und beliebtesten Sinnsuchern, Gutmenschen und Sinnfindern dieser leidvollen Welt. Es ging ihr um Vertrauen, Loslassen, wahrhaft gelebtes

Leben, Neuorientierung, spirituelles Bewußtsein, bedingungslose Liebe, tiefe Gespräche, Umgang mit und Abbau von Angst- und Schuldgefühlen. Unermüdlich stand sie ein für inneres Wachstum, die Bereitschaft zu lernen, authentisches Leben, die Entfaltung des menschlichen Potentials. Menschliche Tragödien sah sie als Stürme des Lebens, durch die wir auch Stärke gewinnen und reifen können. Viel sprach sie von der Geborgenheit in der Liebe Gottes. Impulse, die sie gab, wirken bis heute. Für Sterbende, gute Menschen und nicht zuletzt Lebende und Überlebende bleibt sie eine Quelle des Zuspruchs, der Sinnfindung und nicht zuletzt der Zuversicht. Der innerste Kern ihrer Botschaft lebt weiter.

Worte von Elisabeth Kübler-Ross: Es ist mir einfach uffgefallen, daß Sterbende furchtbar alleine sind – Wenn man nichts gemacht hat mit seinem Leben, ist das Sterben eine traurige Sache. – Die höchsten spirituellen Werte können aus dem Bedenken und dem Studium des Todes entspringen. – Es ist wunderbar, daß wir den Eltern sterbender Kinder versichern können: »Macht euch keine Sorgen. Es wird dort jemand auf euer Kind warten und es in Obhut nehmen.« – Das Leben ist viel schwerer als der Tod. – Wahre, bedingungslose Liebe findet man fast nur im Jenseits, bei den Geistwesen. – Wir müssen außerdem die Tatsache zur Kenntnis nehmen, daß es im Leben keine Zufälle gibt. – Könnte man die Canyons vor den Stürmen schützen, erblickte man niemals die Schönheit ihrer Schluchten. – Es macht nichts, wenn man auf Gott wütend ist, weil Gott groß ist. Er kann das aushalten. – Sterben … das ist, wie wenn man bald in Ferien fährt. – Sterbende lernen am Ende ihres Lebens sehr viel, doch meistens ist es zu spät, diese Lehren umzusetzen.

Elisabeth Kübler-Ross über sich selbst: Ich weiß, daß es unendlich viel wichtiger ist, einen Sonnenuntergang im Winter zu erleben oder zu beobachten, wie eine Fasanenfamilie über den Rasen stolziert, als materielle Dinge zu besitzen. – Ich habe ständig Kontakt zu Jesus und zu meinen 44 Schutzengeln. – Ich war nie in der Lage, regelmäßig zu meditieren, da solche Übungen meinem Wesen nicht entsprechen. Ich hatte nie einen Guru und bin nie in Indien gewesen, obwohl ich viele Jahre davon geträumt habe. Ich habe ein Leben ununterbrochener Arbeit gelebt, in dem es kaum Muße gab. Und trotz alledem habe ich vermutlich alle mystischen Erlebnisse gehabt, die einem Menschen zuteil werden können. Ich habe die größten Höhepunkte erlebt, ohne jemals Drogen genommen zu haben. – Diese frühe Einsamkeit und manchmal auch selbstgewählte Isolierung waren eine Vorbereitung für die späteren Jahre. Ich mußte die Gegenstände meiner Liebe unter den Vögeln und anderen Tieren, auf Wiesen und Bergen, in Bäumen und Blumen suchen anstatt in individuellen Menschen. – Ich befand mich in einer Liebeswallung mit jedem Blatt, jeder Wolke, jedem Grashalm und jedwedem Lebewesen. Ich fühlte sogar das Pulsieren eines jeden Steinchens auf dem Weg. – Ich sah, wie ich aus meinem physischen Körper herausgehoben wurde. Später beschrieb ich es so, daß eine Menge liebevoller Wesen alle müden Teile wie Automechaniker in einer Autowerkstatt aus mir herausnahmen. Es war, als wechselten sie jeden müden und abgenützten Teil meines physischen Körpers gegen einen neuen, frischen und energiegeladenen Teil aus. – Mein Tod wird für mich wie eine herzliche Umarmung sein. – Sterben? Ach, ich kann es kaum erwarten. Ich zähl die Minuten, die mich vom Tod trennen.

Andere über Elisabeth Kübler-Ross: »Ich war begeistert!« »Es war großartig!« (*Aussagen von TeilnehmerInnen bei Kübler-Ross-Workshops*) – Ich habe sie als eine schöne Seele in kindhafter Einfachheit gesehen. Trotzdem bleibt sie für mich ein unglaublich komplexes Wesen, eine Frau von faszinierender Rätselhaftigkeit. (*Derek Hill, 1980*) – Die vollständig obszöne, schon zur Perversion hin explodierende, gleichsam prämortal nekrophile Leichenfledderei, ja Leichenaussaugerei, die aus spekulativ moralinsäuerlichen Büchern wie ›Verstehen, was Sterbende sagen wollen‹ ihr schätzungsweise 28. Buch über Sterben, Sterbehilfe, Sterbezuschauerei abgeliefert hat, das abermals unterm Hutdeckel von Humanität und Wissenschaftlichkeit angetreten ist, schleimige Pietät unversehens in schiere Obszönität, ja Perversität (*Eckhard Henscheid, 1987*) – Ihr Gesicht durchziehen schon tiefe Furchen. Über der Nasenwurzel und der Stirn steht eine konzentrierte Willenskraft. Die Augen blicken kühn, wissend und ein wenig traurig. Was für ein Wissen wäre das, das nicht in Abgründe geschaut hätte? Nur ein solches Wissen ist Weisheit. Um den Mund spielt ein Lächeln, ein annehmendes – ein resigniertes? Oder vielleicht ist es eher ein entschlossenes und herausforderndes. Es läßt sich viel herauslesen aus diesem Bild. Nie haben die indianischen Züge ihrer inneren Physiognomie sich in ihrem Gesicht deutlicher ausgeprägt. Mit diesem Antlitz läßt sich Zwiesprache halten wie mit ihren Büchern. (*Susanne Schaup, 1996*)

Höhere Sphären, schlechte Presse

Uriella, die Sühnebraut CHRISTI – Sekretärin, Dolmetscherin, Fern- und Geistheilerin, Naturärztin, Lebensberaterin, Medium, Neuoffenbarerin, Volltrance-Sprachrohr, Endzeitvisionärin, Spagyrikerin, Prophetin, Ordensmutter (geb. 1929)

Schon als Baby offenbarte Erika Bertschinger, wie sie zunächst hieß, eine ausgeprägte Liebe zum Kreuz. Nach einem ordentlichen Leben auf Züricher Primar-, Sekundar- und Handelsschulen, Matura, Diplomen und Berufstätigkeit als Fremdsprachenkorrespondentin und Krankenhelferin in Cambridge, London, Paris, Lateinamerika, Japan wurde Fräulein Bertschinger, nach einem Reitunfall 1973, hellhörig und hellsichtig für die außerbiblischen Botschaften höherer Welten, wie vorher die Schneiderin Bertha Dudde oder das Tieftrancemedium Beatrice Brunner oder die Neuoffenbarerin Frieda Maria Lämmle (geb. 1907), wie Jakob Lorber oder Emanuel Swedenborg. Ab Weihnachten 1975 genügten Jesus Christus seine derzeit weltweit 33 Sprachrohre nicht mehr und er gründete in Egg bei Zürich – durch sein letztgültiges, wichtigstes und einziges, von ihm selbst so bezeichnetes Volltrance-Sprachrohr Uriella hindurch – den Orden »Fiat Lux«.

Durch Beten, Fasten (102 Tage im Jahr), Rohkost und Verzicht auf weltliche, kulturelle und sportliche Hobbys (Ski) machte Uriella ihren Leib so rein und anspruchslos, daß er ihr bei der geistigen Entfaltung ihrer Aufgabe nicht mehr im Weg stand. Sie löste sich vom Ich und wuchs ins Du und Wir ihres Ordens hinein: Am 12. Januar 1980 um 21 Uhr 11, hatte sie 47 Anhänger, also 35 mehr als Jesus, der in seiner wenig päpstlichen Kunde, die er – abwechselnd mit Jungfrau Maria und Erzengel Uriel – Uriella durchgab, alles Lutherdeutsch abstreifte und in 632 durchnumerierten, lebenspraktisch, astrologisch, apokalyptisch, esoterisch, luminös, synkretistisch und ufologisch ausgerichteten Einzelbotschaften auch Worte einbaute wie Kausalkörper, Aggregatzustände, Transformierung, Sakralchakra, Karma, Geistherz, und Botschaften à la: »Ich warte auf euch, um euch zurückzuführen in eine wahre Heimat. Sie ist aus Geist, so wie auch ihr von Mir aus Meinem heiligen Odem und Meinem Herzensstrahl erschaffen worden seid.« »Mein Herzensdarling, Uriella, ist für euch in allen Belangen ausnahmslos ein Vorbild. Tragt sie im Gebet, denn nach wie vor muss Mein Same gestreut werden.« Jesus sprach auch recht inniglich von »meinem kostbaren Töchterchen«, lobte ihr »wunderbares Gewand, das aus lauter Sonnenblumen besteht«, dankte ihr für ihre fruchttragende Liebestätigkeit, hatte auch Termini drauf wie »Ursonne« und verlangte von allen Zweiflern Ausschluß aus dem OFL (Orden Fiat Lux). Die Ordenszeitschrift »Der heiße Draht« ward später umgetauft in »DER REINSTE URQUELL«. Monatlich offenbarte Gott erneut durch sie Seinen aktuellen Willen. Er oder sie warnte sehr vor Fernsehn, Radio, weltlicher Lektüre, Gift in Lebensmitteln, Milupa und vor Homepages. Computer fand man genauso schlimm wie Computerviren. Okkultismus war ihrer weißen Lichtsehnsucht, bis ins weiße Telefon hinein, viel zu dunkel. Ihre extrem schwarze Frisur konterkarierte ihre extrem weiße Gewandung bis ins höchste Alter. Jahrelang quirlte Uriella mit Silberlöffel – auf göttliche Anweisung kniend – Wasser (laut ihrer Gegner: Leitungswasser, laut Selbstaussage: Quellwasser) in desinfizierter Badewanne im Linksdrall zu andersdrehender Athrumsgischt um, eine Art himmlisches, kostenloses Heilwasser (Journalisten behaupteten, Uriella hätte behauptet, damit Krebs und Aids heilen zu können); die Gesundheitsdirektion Zürich stellte Bakterien- und Schimmelpilzkontaminierung fest und sprach dem finanziell erfolgreichen Produkt Trinkwasserqualität ab (unprofaner Querbezug zum verseuchten Wasser der heiligen Ganga). Gegengutachten bestätigten Quellwasserqualität. Den Ort Strittmatt wählte Uriella geomantisch aus, auf Anregung Jesu, weil im Ortsnamen fünfmal das »t« vorkam, also das Kreuz. Phasenweise residierte Uriellas Fiat Lux-Heiligtum in Schwellbrunn und in Ibach-Lindau. 1994 gründete sie ein mildtätiges internationales Hilfswerk für notleidende Familien »ADSUM – ICH BIN BEREIT e.V.«, Hilfsgütertransporte von Sachspenden, meist Kleidern, die in 40-t-LKW-Konvois nach Polen, Bosnien, Rumänien, Ukraine, Moldawien gingen. In Deutschlands schönster Rohkost-Eremitage bot sie Milchshakes, Frischgepreßtes, Blattsalate, Körner, Dattelspiralen, Marzipanherzchen, Quarkbällchen, in malerischer Umgebung – vergelt's GOTT! Uriella verkuppelte und verheiratete viele willig weißgewandete Paare, die dann aber allzu irdischen Sex zu vermeiden hatten. Ihre Ehe mit dem katholischen Priester Uriello (geb. Kurt Warter) dauerte bis zu seinem Unfalltod vier Jahre. Befragt, wieso sie in Volltrance auf die Uhr geguckt habe, konterte sie: »Wieso soll sich Jesus nicht für die Uhrzeit interessieren dürfen?« Bei aller Herzjesu-Nachfolge: Uriella, die sich – im Zeitalter der Markennamen Ikea,

Nivea und Ariel – nett auf Sanella und Uri Geller reimte, lebte bereits als »Urmutti Eva«, Maria Magdalena und Königin Nofretete auf der Erde – und ihr Gatte Nr. 4, der Diplom-Kaufmann Icordo (alias: Eberhard Bertschinger Eicke), abgeleitet von »Misericordia« (Barmherzigkeit), als Isaak, Josef von Ägypten, Huldrych Zwingli und Johann Strauss. Als ihre Prophezeiungen für den August 1998 – Mord an wichtigem Staatschef, Börsen- und Weltwirtschaftscrash, russische BRD-Invasion, Meteoritensturz in die Nordsee, Tsunami, Vulkanausbrüche, Seebeben, Untergang von Los Angeles und Hollywood im Atlantischen Ozean (!!!), Reduktion von 6 auf 2 Mrd. Menschen – allesamt komplett ausblieben, erklärte sie das als göttlichen Aufschub und sagte dasselbe für 1999 voraus, wo es genauso ausblieb. Das nahe herbeigekommene »Goldene Zeitalter«, angesetzt auf die nächsten tausend Jahre, ließ aber gleichfalls sehr unverläßlich auf sich warten. Statt dessen stürzten sich Behörden, Justizia und WDR nachdrücklich auf Uriels Megaphon Uriella, wie auf alle Kohlrabi-Apostel, Terrorismus-Sympathisanten und Hanfanbauer, nach der alten Regel: Je höher die Welten, desto schlechter die Presse. Man suchte bei ihr Zollverstöße, Medikamentenschmuggel, Steuerhinterziehung, Verhinderung ärztlicher Hilfe für drei falsch behandelte, angeblich unnötig verstorbene Fiat-Lux-Anhängerinnen. Krebs, den sie verblüffend oft heilte, diagnostizierte sie vorher verdächtig oft. Fehldiagnosen gab es bei ihr, laut Selbstaussage, nie, genauso wenig Fehlvoraussagen. Aber der Verwaltungsgerichtshof Baden-Württemberg entzog ihr, wegen Patientengefährdung, die Erlaubnis, den Heilpraktikerberuf auszuüben. Schlagzeilen blühten; Talkshow-Auftritte köderten und verschreckten Anhänger; Ausschlüsse und Austritte eilten um die Wette; 700 Mitglieder schrumpften auf 300. Abtrünnige forderten eingebrachte Vermögen juristisch zurück. Jahrelang setzte Uriella Heilmittel gegen Alzheimer ein, ehe BILD dann meldete, Uriella sei an Alzheimer erkrankt – Schicksalsironie oder Zeitungsente? Ab 2010 häuften sich Gerüchte, Beweis-Faxe und Zeitungsspekulationen, daß Uriella schwer an Krebs erkrankt und womöglich sogar verstorben sei, was man aber strategisch geheimhalte, um sich einen passenden Abgangsmythos auszudenken. Selbst der dortige Bürgermeister hat Uriella noch nie gesehn.

Worte von Uriella: Die Welt wird nicht untergehen, sondern lediglich einer Generalreinigung unterzogen, denn dem sündigen, gottlosen, zerstörerischen Handeln der Menschheit muss ein Ende gesetzt werden. – Der Aidsfaktor ist das Resultat der Vivisektion, die von GOTT vollumfänglich abgelehnt wird. – Das Jenseits ist aufgegliedert in die Astral-, Mental-, Kausal-, Intuitions-, Monaden-, Geistes- und Gotteswelt. – Gethsemane muss, als Stufe der Himmelsleiter, genommen werden. – Das Freimaurertum hat zum Ziel, sämtliche Steinkirchen und vor allem die römisch-katholische Kirche zu zerstören. Etliche geistliche Oberhäupter sind Mitglieder der Freimaurerloge. Ich glaube, dass Ich sogar sagen darf, sehr viele, vor allem im Vatikan. – Erst dann seid ihr für Gott auf dem richtigen Pfad, wenn ihr von eurer Umgebung als anomal bezeichnet werdet.

Uriella: »Es ist eine große Freude für mich, gelegentlich als Kanal der GOTTESMUTTER dienen zu dürfen.«

Uriella über sich selbst: Aus innerer Berufung heraus habe ich meine sehr interessante, hochdotierte berufliche Tätigkeit als Direktionssekretärin und Handlungsbevollmächtigte Ende 1970 aufgegeben, um mein Leben voll und ganz in den Dienst GOTTES sowie der kranken Menschheit zu stellen. – Unser MESSIAS schenkt mir die Kraft, mein übermenschliches Arbeitspensum, die vielen Verleumdungen, Diffamierungen sowie Verfolgungen seitens der Massenmedien, Behörden etc. zu verkraften und nie aufzugeben. – In der Öffentlichkeit sind, in Anwesenheit von ca. 600 Personen, worunter Ärzte, schon viele Spontanheilungen, auch an so genannten Scheintoten, durch GOTT, via meine Wenigkeit, geschehen.

Ihre außersexuellen Hobbys hielt sie geheim

Betty Dodson – Bodysexworkerin, Vorkämpferin, Masturbationspäpstin (geb. 1930)

Geboren wurde sie im frommen Kansas, umzingelt von konservativen Moralisten und prüden Eheratgebern. Bereits als Kind, während sie von Märchenprinzen, feuchten Küssen, romantischen Umarmungen und Hochzeitsnächten à la Hollywood träumte, masturbierte sie so regelmäßig wie unmäßig, mit eingestreuten schamhaften Kunstpausen. Etliche Affairen gebaren fürchterlichen Beziehungsstreß und Trennungsschmerzen nach jeweils zwei Jahren. Sie heiratete auf den letzten Drücker 1959: wirtschaftlich abhängig, Missionarsstellung, Präcoxprobleme, schnarchender Gatte, und solch frustrierender Kinsey-Durchschnitt von zweieinhalb Minuten geschah bloß einmal im Monat. Scheidung erfolgte 1964. Dann gab's eine erste nacheheliche experimentierfreudige Beziehungskiste mit einem Guy namens Blake, separat kombiniert mit steigerbaren Masturbationsspielchen. Betty experimentierte und orgasmierte mit klassischen Duschstrahlen, probierte x Vibrator-Generationen durch, im Wechsel oder gleichzeitig mit eingeölten Silikonpenissen, Teddybären sowie auch elektrischen Kopfmassagegeräten. Bis in die siebziger Jahre hinein gab sie sich, oft täglich, Zweistundenritualen hin, neben denen sie – mit richtigem Händchen für stimmungsvolles Ambiente – hübsch dekorierte Obstschalen mit Mangos, Kiwis oder Papayascheiben aufstellte, ein Glas perlenden Champagner, bei Räucherkerzen und Duftölen. Nach zwei, drei Orgasmen kam sie erst so richtig in Fahrt. Entweder schaltete sie das Telefon auf Beantworter oder sie ließ das Onanieren beim Telefonieren fließend übergehn in Smalltalk beim Onanieren. Und sie wurde dabei so high, daß sie nach mehr als drei Orgasmen wie von kosmischen Flügen zurückkam. Statt kosmische Flüge zu beschreiben, beschrieb sie Orgasmen.

Sobald sie spürte, daß sie sich in einen bestimmten Vibrator verliebte, wirkte sie solcher Monogamie entgegen, indem sie andere Modelle kaufte, die sie sowieso recht gern an Freundinnen auslieh. Batteriebetriebenen Geräten verübelte sie, daß oft im ungeeignetsten Moment kein Saft mehr drauf war. Besonders schätzte sie an ihrem Vibrator »Pandora«, daß er nie müde wurde, nie Kopfweh vorschützte, auch nie – selbst bei Überstrapazierung nicht – heißlief, und nie sich beklagte, wenn sie mit Menschen fremdging, was auch vorkam, als Randverzierung. Bei steigenden Ansprüchen und progredierender Unersättlichkeit legte sie sich furchtlos Geräte zu, die ihren Privatbereich schier zur Großbaustelle mit Zementmixern machte, mit Chromverzierung, mit zylindrischen Monstren, die wie LKWs im ersten Gang dröhnten und beängstigend mit Saugnäpfen und Gumminoppen aufwarteten. Hightech kontrastierte sie mit Natur pur: An den Gemüsetheken der Supermärkte suchte sie sich schälbare Liebhaber für den heutigen Abend aus: Schlangengurken oder Zucchini. Schuldgefühle und Einmischung von Kirche & Staat ließ sie hierbei gar nicht erst aufkommen. Praktisch wie theoretisch versteifte sie sich auf ausschließlich ihr Zentralthema, machte ihr saugeiles Hobby zum Beruf und ihren Beruf zu ihrem Alpha & Omega und Ein und Alles. Jahrzehntelang diskutierte sie leidenschaftlich mit Grant Taylor über die political dimensions of masturbation. Ihren Buchtitel »Sex for One«, 1974 f., gut vermarktet von ihrem Agenten Frank Taylor, widmete sie im Vorspann sich selbst; denn ohne die Erfahrungen ihrer Selbstliebe hätte es niemals geschrieben werden können. In x Auflagen wurde der Ratgeber zur Bibel aller sich selbst Liebenden. Ihre Klappentexte gaben die exzessive und obsessive Hedonistin als betont tabulose Sexualwissenschaftlerin aus. Dankbriefe aus aller Welt trafen wannenweise ein.

Hippies erweiterten ihr Bewußtsein; Dodson behauptete, an der Erweiterung des sexuellen Bewußtseins zu arbeiten, ohne daß sie irgendwo aus dem Sex heraustrat. Der ZEIT-Schmecker Wolfram Siebeck kam auf diese Welt, um Sokrates' »Wir leben nicht, um zu essen« lebenslang zu widerlegen; Betty Dodsons Daseinszweck: Mit ihrem Oberkörper, samt Kopf, um ihren Unterkörper kreisen. Verließ sie das Haus, wartete ihr Vibrator geduldig auf ihre Heimkehr. Sobald sie sich als Malerin betätigte, malte sie auseinandergezogene Vulven und masturbierende People. Andere Onanie-Autoren schrieben auch über anderes, Volker Elis Pilgrim über Vegetarismus, Ludger Lütkehaus über Heidegger und das Nichts; Betty schrieb über nichts anderes. Andere Promis erzählten alles über ihr Formel-1-Intresse und nichts über ihre Onaniepraktiken; einzig Betty Dodson alles über ihre immer einfallsreicheren und kompetenteren Methoden, und kein Sterbenswörtchen über außersexuelle Hobbys. Über andere Hobbys, als es doch da leckere Rezepte ausprobieren, Kakteenzucht, Orgelkunst hätte geben können, legte die Tabubrecherin ein Tabu. Betty Dodson empfing, bei ihren Bodysex-Workshops für frustrierte Haus- und

Ehefrauen, die eintreffenden Teilnehmerinnen bereits an der Haustür nackt, ganz ohne Idealfigur, maximal fünfzehn Frauen pro Gruppe, und dann erforschte und erfuhr man sich, indem man Nackttanz und Hüftstöße übte, via Diaprojektion die fünfzehn anwesenden Vulven an die Wand warf, in liebevoller Kreisform sich grenzenloser Kollektivmasturbation hingab. Da kamen nach und nach über fünftausend Frauen zusammen. Frauen, die nach zehnjähriger Ehe, einem Kind und keinem Orgasmus verzweifelt sich wundrieben, konnte geholfen werden, auf dem Weg zu ihrem ersten Orgasmus. Betty arbeitete darauf hin, mit einem Orgasmus pro Tag den Arzt überflüssig zu machen. »Liebe deinen Nächsten wie dich selbst«, wurde bei ihr zu: »Wenn ich mich selbst liebe, kann ich dich lieben, wenn du dich liebst.« Selbst den verschossensten Gestalten, Lesern und Bodysex-Kursteilnehmern empfahl und spendierte sie ein umfassendes Yes und nannte jeden Schwabbelwanst ein »göttliches Kunstwerk«.

Betty Dodson: »Alle meine Liebhaber konnten zu guten Freunden werden, und alle meine Freunde konnten zu Liebhabern werden.«

Avanciert zur Masturbationspäpstin, ließ sie übliche Sexbomben à la Dolly Buster durchaus hinter sich, nicht ganz unbeleibt, ein lebensvolles Bild des Lebens, siehe ihre selbstbewußt lachende Homepage, die lachende Gegenmelodie zur trocken-sehnigen Hilfsmittelpäpstin Beate Uhse. Beide, die gelblich abgezehrte Sterbepäpstin Prof. Elisabeth Kübler-Ross, die den Leuten die Angst vorm Sterben nahm, und Betty, die den Leuten die Scham vorm Wixen nahm, machten Mut zum richtigen Umgang mit dem eigenen Body, dem röchelnd von uns gehenden wie dem zur Zeit knapp noch funktionierenden, erregt ächzenden: Dodson & Kübler-Ross – Leben & Tod. Doch die Erfüllung der Dodson'schen Lieblingsphantasien künftiger tatsächlicher sexueller Befreiung, daß die Gruppe und sie als ein Geheimbund von Vibrator-Priesterinnen für eine Uraufführung in der Carnegie-Hall übten, oder einen ihrer Orgasmen landesweit im TV zu übertragen, oder gar eine Simultan-Masturbier-Orgie der gesamten Nation für den Weltfrieden, und dies am Silvesterabend 1999, mit exaktem Timing und zielsicherer Hinzielung millionenköpfigen Total-Orgasmusses auf 0 Uhr – solche Ziele und Projekte ließen im 21. Jahrhundert weiterhin grausam auf sich warten. Sie kreiste derart um das Eine, daß Sexmolche dagegen vielseitig interessiert erschienen. Kein Dagobert Duck konnte so um Knete kreisen, kein Dadaist um Dada, kein Sufi um Gott, wie Betty Dodson um ihr Thema.

Worte von Betty Dodson: Untersuchen Sie ihre Genitalien mit dem gleichen Interesse, das Sie immer schon Ihrem Gesicht gewidmet haben. Ziehen Sie die äußeren Schamlippen auseinander, und streichen Sie die Schamhaare zurück. – Bewundern Sie Ihre Clitoris! – Größe und Form haben keinen Einfluß auf die Lust, daher lieben Sie Ihren Schwanz, wie immer er auch aussieht. – Benutzen Sie einen Vibrator nicht im Anus und anschließend in der Vagina. – Es gibt viele Neuheiten, die man ausprobieren kann: Vibrierende Ersatzpenisse mit einem besonderen Clitoriskitzler, vibrierende Eier an einem Band und andere Spielzeuge. – In vielen Anzeigen werden allerdings schäbige und schlechte Geräte angeboten, weil man damit rechnet, daß sich keiner beschwert.

Betty Dodson über sich selbst: Ich mag die kleinen Orgasmen, die ich in meinen viertelstündigen Sexpausen bekomme. – Als ich herausgefunden hatte, daß Masturbation eine Form der Meditation war, dachte ich: Halleluja! Jetzt wollen alle meditieren. – Ich verbesserte meinen Stil, beobachtete, wie meine Schamlippen tiefrot wurden und meine Klitoris anschwoll, je erregter ich wurde. Vor dem Liebesakt stecke ich immer einen Finger hinein, um zu riechen und zu schmecken, damit ich mich sicherer fühle. Nachdem ich Vegetarierin geworden war, schmeckte ich süßer, was auch auf meine vegetarischen Liebhaber zutraf. – Die Ekstase kam, wenn ich mich im Kreis masturbierender Frauen umschaute und fast ohnmächtig wurde vor Erotik. – Eine meiner neuesten Ideen ist, am Samstagabend ein paar Freunde zum Masturbieren einzuladen und dabei einen Pornofilm über eine Mädchenbande anzusehen, die einen Lastwagenfahrer vergewaltigt. – Die meisten Amerikanerinnen stehen auf große Penisse, ich eingeschlossen. Mein erster Plastikpenis hatte ungeheure 25 cm, aber ich habe nie mehr als die ersten 14 gebraucht. – Das Altern ist unvermeidlich, aber ich kann den Prozeß verlangsamen, indem ich mich gesund ernähre, Sport treibe und Orgasmen habe.

Aufforderung zu zivilem Ungehorsam

Pippi Langstrumpf – Vollwaisin, Außenseiterin, Wunderkind, Frechdachs, Göre (geb. um 1933)

Pippi Langstrumpf: »Ich habe eine betriebsame Natur.«

Pippilotta Viktualia Rullgardina Krusmynta (Pfefferminz) Efraimsdotter (Efraimstochter) Laangstrump, die baldige Halbwaisin, berief sich stets darauf, ihre Eltern seien ein Engel und ein weißer Negerkönig, genauer: Mutter starb früh, Vater ging als Kapitän über Bord und strandete hoffentlich auf einer Negerinsel. Also bewohnte sie ohne Eltern, Aufsichtsperson und Vormund inmitten von Kleinstadtmilieu die Villa Villekulla (deutsch: Kunterbunt) mit altem vermoostem Baumbestand und verwildertem Garten, mit einem Pferd und einem Hausäffchen mit Strohhut namens Herr Nilsson. Sie kam gut zurecht. Sie aß und machte von frühauf, was sie wollte, und finanzierte ihr Leben durch Griffe in einen ererbten Goldsack. Allgemeiner Schulpflicht fühlte sie sich nicht verpflichtet. Das pädagogische Fernziel freier Persönlichkeitsentfaltung trieb sie recht weit. Zudem verfügte sie über unübliche, ja: monströse Körperkräfte; sie konnte ihr Pferd eigenhändig hochheben, auf Mythoebene: ein beneidenswertes Supergirl, auf geistesgeschichtlicher Ebene: eine Freidenkerin, die allerdings ganz nebenbei an Legasthenie litt, mit Defiziten in Plutimikation, ohne dran zu leiden, und ferner litt sie – nein: erfreute sich an progressiver Spinneritis, wissenschaftlicher gesagt: Mythomania, kulturell gesprochen: sie nahm sich dichterische Freiheiten. Wenn sie unglaubwürdigste Abenteuer aus China und Hinterindien ausspann von siebzehn Glatzköpfen, die sie Arm in Arm laufen gesehn hatte bzw. von Chinesenkindern, die Peter hießen, sagten die adretten, braven, gutbürgerlichen, sehr schulpflichtunterworfenen, z.T. mit nassem Kamm gekämmten Nachbarskinder Thomas und Annika einfach nur: »Ach so.« Ihre roten Haare, die in steifen Zöpfen vom Kopf abstanden, assoziierten Hexenstatus. Pippi wollte, genau wie Peter Pan, nie erwachsen werden und nahm sogar Pillen dagegen. Medizin verballhornte sie zu »Medusin«. Ordnungshüter nahm sie auf den Arm, und Landstreicher versorgte sie als minderjähriger Robin Hood mit Sahnebonbons. Übergroße Schuhe teilte die Lausbübin mit Charlie Chaplin und Goofy. Daß sie bisweilen rückwärts ging, teilte der patente Rotschopf mit Hodscha Nasruddin, sobald der rückwärts auf dem Esel saß. Sobald jemand Einspruch erhob, berief sie sich auf Grundrechte in freien Ländern und auf ethnologische Sitten; denn in Ägypten gingen alle rückwärts und in Hinterindien alle auf den Händen. Der brave Thomas fand, daß das gelogen sei, sie gab das sogar zu und berief sich drauf, daß in Belgisch-Kongo alle Leute lögen – falls Thomas das ihr glauben wollte. Ihre Erzählungen vom Taka-Tuka-Land hörten sich zwar nach Fabel an, zeigten aber den Vorteil, daß sie dann doch noch als Realität zu Buch schlugen. Kuchenteig rollte die sommersprossige Grenzüberschreiterin, statt auf dem Backblech, auf dem Fußboden aus, kurzum: sie genehmigte sich pausenlos eine ununterbrochene Narrenfreiheit, und das als Mädchen, und das als Frau, leider alles nur im Rahmen von Stegreifgeschichten, die im skandinavischen Sprachraum 1941 Astrid Lindgrens (geb. Ericson) ihrer Tochter Karin (geb. 1934), erkrankt an Lungenentzündung, zum Leidvertreib erzählerisch improvisierte und 1944, als sie selber mit verknackstem Knöchel darniederlag, aufschrieb und versuchsweise einem Verlag anbot, der solch subversive Literatur nicht drucken wollte. Dann aber wurden Band 1–3 in fünfzig Sprachen übersetzt, bis 1987: 3 Mill. Exemplare; siebenmal verfilmt, zweimal als Zeichentrickfilm. Astrid Lindgren definierte die rotzfreche Querulantin als »Despotin mit guten Absichten«. Pädagogen sprachen abwechselnd von Angriff auf die Normen der Gesellschaft, schlechtem Vorbild, geisteskranker Phantasie und Anpassungshilfe. Man befürchtete Aufstände in Jugendamt und Kinderzimmer, 25 Jahre vor Summerhill. Bedauerlich bloß, daß man nie erfuhr, was dann Pubertät, Hormone und Realitäten mit Pippi machten, ob sie nymphoman abdriftete in Richtung Megäre, Femme fatale, Wild Woman, Revoluzzerin oder ob sie brav als Hausfrau und Mutter am Kochtopf zur Ruhe kam. Zwischen Terroristin und Weltbeglückerin wär einiges in Frage gekommen. Aber die Bananen, die Pippi auf der Taka-Tuka-Insel aß, zeigten leider noch keinen Querbezug zum Bananenröckchen Josephine Bakers.

2003, ein Jahr nach Astrid Lindgrens Tod, ging plötzlich durch alle Gazetten, vor allem BILD: »Ich bin die echte Pippi!« Eine einundsiebzigjährige Marktfrau namens Sonja Melin, mit rothaariger Perücke, meldete sich und behauptete das Urmodell gewesen zu sein; Astrid Lindgren hätte es ihr sogar bestätigt. Auf einem Foto sah man Autorin und Marktfrau gemeinsam, samt Gemüsestand. Tochter Karin Nyman bezeugte es. Schon damals, 1940, hatte das siebenjährige Urmodell ein unerschrockenes Maulwerk gehabt, aufmüpfig und eigenwillig. Pippa Laangstrump wanderte auch in Witzsammlungen ein: Was heißt Geigenkasten auf Spanisch? Fidel Castro; Schnellkochtopf auf Italienisch: Garibaldi; Kuhstall auf Arabisch: Mubarak; Büstenhalter auf Italienisch: Ferruccio Busoni; Kondom auf Schwedisch: Pippi Langstrumpf. 2007 erschien, in Entsprechung zum Urfaust, eine Ur-Pippi.

Worte von Pippi: Das ist eine alte, nette Kaffeekanne, die niemals einem Menschen etwas getan hat. Und sie kann ja nichts dafür, daß sie keine Tülle mehr hat. – Setzt euch auf den Küchentisch, dann steht ihr nicht im Wege. – Man bekommt viel zu hören, bevor einem die Ohren abfallen. – Große Menschen haben niemals etwas Lustiges. Sie haben nur einen Haufen langweilige Arbeit und komische Kleider und Hühneraugen und Kumminalsteuern.

Pippi über sich selbst: Ich hätte eigentlich Schlittschuhprinzessin werden sollen. – Ich lüge so, daß meine Zunge schwarz wird, hörst du das nicht? – Ich habe niemals jemand gesehen, der mit den Ohren geht. Alle, die ich kenne, gehen mit den Füßen. Ich sah einmal in Shanghai einen Chinesen. Seine Ohren waren so groß, daß er sie als Pelerine benutzen konnte. – Einmal in der Woche reiße ich Häuser ab. Aber niemals an den Freitagen. Denn da hat man mit dem wöchentlichen Reinemachen zu tun.

Andere über Pippi: Mit einem träumerischen Ausdruck starrte sie auf ein kleines flackerndes Licht, das vor ihr stand. (*Astrid Lindgren, 1940*) – In einer Zeit, wo »Heidi« und »Nesthäkchen« Vorbilder für Tugendhaftigkeit waren, in genau dieser Zeit setzte eine Hausfrau aus Schweden seitenweise »die pure Kraft des Unsinns« um. (*Heike Schultz, 1996*) – Wenn es sie nicht gegeben hätte, hätte man sie erfinden müssen. (*Gerd Scobel, 3SAT, Kulturzeit 2004*) – Eine Rotzgöre im Lumpenlook mit ritzeroten Zöpfen, die in einer maroden Villa haust und sämtliche Autoritäten ignoriert! Pippi ist eine Autonome und Anarchistin, lange bevor die Jahreszahl 1968 eine Bedeutung bekam; auch als Erfinderin des Punk – 40 Jahre vor den Sex Pistols – wird sie gerne bezeichnet (*Kölnische Rundschau: »Anarchie unterm Limonadenbaum«, 24.9.2009*).

Sonnenblume in bewaffneter Betonwüste

Petra Kelly – Friedensaktivistin, Umweltschützerin, Nervenbündel (1947–1992)

Petra Karin Lehmann kam vaterlos aus schwäbischem Günzburg. Starke Omabindung zur Grußmutter als Ersatzmutter; katholisches Mädcheninternat. 1959 folgte die Familie dem Stiefvater und schneidigen Offizier John E. Kelly in die USA, wo die sprachbegabte Petra in Washington an die Highschool ging; Berufsziel: Diplomatin. American University Washington; 1967 frauenbewegtes Engagement im Studentenrat. Politische Wissenschaften in Amsterdam; Magisterabschluß. 1968 bekam sie mit Schwester Grace (1959–70; Augentumor) eine Papstaudienz. Wahlhelferin und Dozentin Petra (1979 SPD-Austritt) lief in Demonstrationen gegen Rassismus und Vietnam sehr aktiv mit, als angehende Verwaltungsrätin einer EG-Behörde in Brüssel, Vorstandsmitglied in Bundesverbänden, Umweltschutz-Bürgerinitiativen, Mitglied Westeuropäischer Union, Europarat, Deutschem Bundestag an Info-Ständen, beklebt mit Sonnenblumenpostern, oder mit BASF-Weichplastik-Regenhaut im Dauerregen, und verteilte mit Blumen, die aus Soldatenhelmen wuchsen, Flugblätter an vorbeihastende Regenschirme (we shall overcome); zeitweise liiert mit EG-Kommissionschef Sicco Mansholt (39 Jahre älter als sie), dem katholischen Gewerkschaftsführer John Carroll (20 Jahre älter) – Abtreibung, Nelkenstrauß. Sie gründete die Grace Patricia Kelly Stiftung für krebskranke Kinder und tat damit als Gutmensch viel Gutes, wie Florence Nightingale, Mildred Scheel, Doris Schröder-Köpf u.a. Leitmotive: politisches Engagement, Zivilcourage, Nonkonformismus, Feminismus, Liebe zu den Menschen. Vorbilder dieser oft »grüne Petra« bzw. »Rosa« Genannten (wie Rosa Luxemburg): Jesus, Gandhi, Cesar Chavez, Dorothy Day, Martin Luther King, Albert Schweitzer. Lieblingsautor: Khalil Gibran. Lieblingstier: Möwe. Die sich, wie Elisabeth Kübler-Ross, auch sehr interessiert an den spirituellen Aspekten des Lebens zeigte, sprach vom »Einssein in der Wirklichkeit«. Privat litt sie an Einsamkeit oder Kontaktsucht, auf höherer Ebene an der viel zu rationalen, inhumanen, kalten Welt, die zu atomarer Müllhalde anwuchs.

1980 traf sie auf einer Diskussionsveranstaltung über Frauen und Militär den Bundeswehr-General Gert Bastian (geb. 1923), Kommandeur der 12. Panzerdivision (24 Jahre älter als sie; seit 40 Jahren glücklich verheiratet), in dessen wenig hartkantiger Physiognomie sie einen James-Stuart-Typ erblickte und der unter ihrem liebevollen Einfluß Kreide fraß, zum »Friedensgeneral« sich läuterte (wie damals der buddhistische Kaiser Aschoka) und mit ihr gegen den Nato-Nachrüstungs-Doppelbeschluß kämpfte, was man sich von außen nur so erklären konnte: ferngelenkt von Moskau oder DDR. 1983 zog Bastian, nach dem rauschhaften grünen Wahlsieg (5,2%) und Einzug der Grünen ins Parlament mit Rotwein, Turnschuhen und Plastikgrün im Haar, als ständiger Begleiter und Lebensgefährte zu ihr ins Reihenhaus in Bonn, Ortsteil Tannenbusch. Gemeinsame Aktionen und Sitzblockaden beim Kampf für Umwelt, Frieden, Menschenrechte; auf Großkundgebungen (Krefelder Appell), im bayrischen Wahlkampf, Parlamentsdebatten, Pressekonferenzen, »Künstler für den Frieden«, mit Dietmar Schönherr, Franz Josef Degenhardt, Konstantin Wecker, Harry Belafonte. VIP-Auftritte des konvertierten Militärs und der hektischen Idealistin mit Willy Brandt, Gorbi, Erich Honecker und dem Dalai Lama Nr. 14. Mit Rudi Dutschke trat sie für einen ökologisch-selbstverwalteten emanzipativen Sozialismus ein. In Talkshows redete der »feministische Wasserfall ohne Punkt und Komma« alle an die Wand; häufige Termini hierbei: gewaltfreier Kampf, Verantwortung übernehmen, ziviler Ungehorsam, Mut machen für den Frieden, Rechtsverletzungen, Gewaltmonopol. Ihre Lady-Di-Frisur: zeitgeistgebundene Zufallsparallele. Daß eine Demokratie wie die BRD Giftgastransporte in die Türkei erlaubte, nahm Petra Kelly psychisch schwer mit. Sie engagierte sich für Aborigines, Indianer, Krebskinder, Strahlenopfer, Antiatombewegung auf Tasmanien, Transportarbeitergewerkschaft in Irland. Stets contra & pro: contra Obrigkeitsgehorsam, Volkszählung, Rechtsradikalismus, Todesstrafe, Apartheid, Kinderarbeit; contra Anpassung der Grünen an die Etablierten. Für eine Kirche der Schwesterlichkeit. Ihr Arbeitstag betrug 12–16 Stunden, auch an Wochenenden. Workaholismus ging über in Megastreß. Ein erstes freies Wochenende gab es oft erst mitten im Sommer. Oft schlug sie den Jahresurlaub in den Wind und bekam 1982 den alternativen Nobelpreis. Nicht nur Hans-Dietrich Genscher, FDP, nannte Kelly & Bastian, die zu Symbolfiguren aufstiegen, seine »Lieblingsgrünen«. Universitäten in Hawaii und Washington boten Professuren an. In den USA war sie zunächst berühmter als Helmut Kohl. »Women strike for Peace« kürte sie zur »Frau des Jahres«. Die Sunday Times rechnete Petra Kelly zu den tausend überragenden Jahrhundertfiguren. Parteibasis warf ihr Starallüren vor. Genossinnen wehrten sich, ihre übertriebenen Auslandsflüge (dreimal Washington in einem Jahr) zu finanzieren; sie hatte auch noch Oma Kunigunde und ein tibetanisches Pflegekind zu versorgen. Sich mitten im Weltuntergang in Reisespesendiskussionen zu verzetteln, fand sie kleinlich. Neben ihrer grünen Weltverbesserung erschienen ihre Parteigenossen arg ortsgebunden. Ihr väterlicher Weggefährte, Mitstreiter und Beschützer Gert, mit dem sie auch ausgelassen, ja infantil albern konnte, stärkte der langfristig ausgebuchten, weltweit als Vorzeigerednerin auftretenden Jeanne d'Arc der Grünen pausenlos den Rücken, allein 1987 Spanien, Frankreich, zweimal Moskau, Ost-Berlin, Los Angeles, Den Haag etc. Sie rieb sich auf als Donna Quixote, im Kampf gegen atomaren und ökologischen Holocaust, Mammon und Moloch anrennend, Konzerne, Lobbys, Institutionen, Graue Eminenzen, Drahtzieher, kurz bevor erträglicher Spätkapitalismus in unverantwortlichen Turbokapitalismus überging. Militärhubschrauber plädierte sie umzufunktionieren in Rettungshubschrauber – und das Vaterunser in »Mutter unser«. Fast immer sehnte sie sich umsonst nach Natur und Ruhe. Allein zu Haus mit Faxgerät, Amnesty International-Korrespondenz und Papierkram fiel ihr die Decke auf den Kopf. 1989 Liebschaft mit dem Arzt Palden Tawo aus Tibet. Das Drama »Der alte Mann und das Mädchen« bzw. »Die Pazifistin und ihr General« eskalierte. Grenzen psychischer und anderer Belastbarkeit wurden überschritten. Er konnte nicht verknusen, wenn sie im Autoradio Gebetsmusik aus Tibet dudeln ließ, Langtuben, Mönchskontrabässe. Sie hetzte von Applaus zu Wasserwerfer, garniert mit Morddrohungen. »Pettilein« mutierte zur verletzlichen Streßnudel, multiphon angekränkelt, alles andere als autark, histrionisch mit halonierten Augen, halb Nervensäge, halb Nervenbündel, eine gestreßt stressige Prinzessin auf der Erbse, immer auf Achse; der zum Hausmann, Lakaien, Laufburschen und Kofferträger degradierte Panzergeneral »Gertilein« ging alsbald an Krücken, unfallbedingt. Bisweilen schwor das Paar, sich nie wieder zu streiten. Ausgerechnet der gewandelte, von Humanitärem Sozialismus tangierte, von Aristoteles' Katharsis sublimierte Friedensaktivist, hochrangige Pensionär und Pantoffelheld griff plötzlich zur Knarre, beruflich naheliegend, wenngleich eigentlich längst programmatisch für immer abgelegt. Wort wurde Tat. Ein General, auch physiognomisch Sympathicus und Everybodys Darling, voll Ritterlichkeit, statt sich zu begnügen, potentieller Mörder zu sein, wurde reell zum Meuchelmörder bei Nacht. Der tagsüber für Gewaltfreiheit demonstrierte, erschoß nachts als sanfter Unmensch und Mr.

Hyde seine renommierte Lebensgefährtin und richtete dann sich selbst. Petra Kellys Kampf für Liebe & Versöhnung, bevor er an Patriarchat & Gewaltherrschaft scheiterte, lief dem Feind im eigenen Bett entgegen – Hinrichtung ohne Schuldspruch. Suizid wär verzeihlicher gewesen. Persönliche Demütigung fiel der ideellen Mission in den Rücken. Äußere und innere Gewalt koinzidierten auf beiden Ebenen. Mythisch gesagt: Schutzengel killte Schutzbefohlene. Heiliger Christophorus kippte zurück zum Reprobus; Heiliger Eustachius betätigte sich plötzlich wieder als Jäger. Mys-

Petra Kelly: »Man muß sich selbst verändern, ehe man die Welt da draußen versucht zu verändern.«

tisch gesagt: Bevor sie im Ozean ertrank, stolperte sie über ein Tröpfchen. Auf Don-Quixote-Ebene: Bevor die Windmühlen/Rüstungskonzerne sie vom Pferd wischten, brachte ausgerechnet Bauerntölpel Sancho Pansa einen überkandidelten Ritter um. Boulevard faselte von Eifersuchtsmord und Stasi-Spitzeln, die der Aufdeckung durch Freitod entgingen. Kosmopolit und Tolstoivariante Lew Kopelew vermutete ein KGB-Attentat, Kernphysiker Wladimir Tschernosenko eine Atom-Mafia-Aktion. Symbiotische Leitfiguren starben durch Bleikugeln wie ihre Leitfiguren Gandhi, Luther King, Gebrüder Kennedy, Rudi Dutschke, John Lennon.

Die Mutation der Grünen via Realitätsprinzip in ihr unrühmliches Gegenteil hätte Kelly nicht mitgemacht. Sie wollte etwas verändern, aber das Unveränderte verstärkte sich und eskalierte. Daß sie im Vorfeld schon scheiterte, bewahrte sie vor verzögertem Scheitern. 2001 kam ihr Leben als Film: »Geschichte einer Hoffnung«. Thomas Imbach ließ im surrealen Film: »Happiness is a warm Gun« Kelly mit Kopfschußwunde weiterspielen, hyperrealer als gutgemeinte 1:1-Verfilmung.

Worte von Petra Kelly: Wir Frauen, gerade in den Kirchen, quer durch alle sozialen Schichten, werden uns immer wieder unserer Machtlosigkeit und der stereotypischen Geschlechtsrollen bewußt und wollen uns endlich davon befreien. – Feminismus und Gewaltlosigkeit sind Begriffe, die zusammengehören im Kampf um eine wirklich demilitarisierte Gesellschaft, die die ökologische Grundlage des Lebens bewahrt, soziale Gleichheit und Gerechtigkeit garantiert und die Bedürfnisse der Frauen und all jener respektiert, die keine Lobby haben – der Kinder, der Kranken, der Alten, der Behinderten. – Nur wenn man auf die Wunde drückt oder schreit, wird sich etwas verändern. – Der »Hexenhammer« herrscht auch heute noch bei Stammtischgesprächen, in Vergewaltigungs- und Abtreibungsprozessen und anderswo. – Liebe und Leben sind unlösbar miteinander verbunden.

Petra Kelly über sich selbst: Was ich mir in den Kopf gesetzt habe, muß ich bis zu Ende bringen. – Ich darf nicht schneller reden, als manche Leute denken können. – Die Grünen sind für mich nicht so wichtig. Da überschätzen sie sich. – Wir sind geistig verliebt ineinander. Ich gehe um 5 ins Bett, und Gert steht um 5 auf. Wie sollen wir uns da überhaupt noch lieben? Am Tage haben wir auch keine Zeit, da machen wir Politik. – Ich wünsche mir eine kinder- und frauenfreundliche zivile Gesellschaft, wo die Menschen einander zutiefst respektieren und solidarisch zueinander sind. Ich wünsche mir ein langes, fruchtbares, schöpferisches Zusammenleben und -wirken mit meinem Lebensgefährten Gert Bastian. – Wenn Gert nicht mehr ist, will ich auch nicht mehr sein.

Andere über Petra Kelly: Mit dieser Prinzessin werden wir noch unsere Freude haben. (*Zeitgenössische Öko-Aktivistin*) – Sie redet wie ein Maschinengewehr, und wer mit ihr 2 Stunden lang gesprochen hat, verspürt das dringende Bedürfnis nach einer Parkbank, auf der ihn nur die Tauben angurren. (*NDR-Korrespondent Peter Gatter, 1987*) – Petra hat die Chance, vielleicht auch den Auftrag wahrgenommen, die weibliche Energie universell zum Nutzen sehr vieler Menschen einzusetzen und sozial, politisch und gesellschaftlich zu manifestieren. (*Gayan S. Winter, 1989*) – Sie verstand es, in ihren Zuhörern das schlechte Gewissen zu wecken, wenn die sich nicht umgehend fürs Elend der Welt und die Ungerechtigkeit der Politik zuständig fühlten. (*DER SPIEGEL, Titelstory, 26.10.92*) – Das Leben der Petra Kelly bot sich an, den Mythos der Grünen zu verdichten wie der Körper von Janis Joplin, um die Geschichte der Rockmusik darauf zu schreiben. (*Antje Vollmer, Grünen-Sprecherin, im SPIEGEL; 1992*) – Es ist die besondere Ironie dieses Dramas, daß »der Friedensengel« ein Opfer der Liebe wurde. (*Alice Schwarzer, 1992*) – Sie war gewiß kein bequemer Mensch, schon gar nicht leicht im Umgang und in der Zusammenarbeit, aber wer war das schon? (*Joschka Fischer*) – Sie machte Weltpolitik ohne jede Logistik. (*Otto Schily*) – Die zierliche blonde EG-Verwaltungsrätin, die sich nicht entscheiden konnte, wen sie mehr schätzen sollte, den Dalai Lama oder Rosa Luxemburg (letztere unterlag), hatte ihre ersten politischen Erfahrungen in den USA gemacht. (*Jutta Ditfurth, 2000*) – Sie rieb sich auf im Kampf für eine bessere und gerechtere Welt, eine, die es so vielleicht nie geben wird. Rückschläge waren unvermeidlich. (*Friedemann Bedürftig, 2005*)

Im Ritualkreis aus Mehl, zwischen Cornwall und Nepal

Luisa Francia, die bayrische Schamanin –
Geisterführlerin, Weisheitshexe, Esotainerin (geb. 1949)

Beinah wär sie in einer Trambahn geboren worden. Die blauen Wunder, die ihre Großmutter ihr androhte, wurden dem Au-pair-Mädchen zum orphischen Urwort. Die Praktikantin beim Manchester Evening Star, die in Clubs und in Hair sang, machte Revolution, bewegte die Frauenbewegung mit. Sie schrieb vier Filme, Drehbücher mit Margarethe von Trotta. Sie träumte, Herbert Achternbusch würde in New York als Maler ausstellen und drangsalierte dann den (nie malenden) Dichter: »Wenn du schon in New York ausstellst, dann würd ich doch endlich mal anfangen zu malen.« Die Tanzlehrerin, die mit afrikanischen Elementen, Meditationstechniken, Visualisierung und Imagination arbeitete, tanzte am liebsten für Steine und Kreuzspinnen, gelegentlich auch mit Menschen. Sie rasselte mit wechselnden Rasseln – »schhtschhtchhtschht« –, räucherte, zündete Teelichter an, sang den Mond an und berichtete davon. Daß Venus der einzig weibliche Planet sei, stank ihr. Dem 21. Jahrhundert sah sie als einem Jahrhundert of woman power entgegen. Ihr feministischer Ansatz veranlaßte sie, Uranus in Urania umzutaufen, Jupiter in Hera-Jupiter, Neptun in Tiamat-Neptun. Fast wunderte sie sich, als sie zwischen all den Scharlatanen, Nieten und weisen Frauen, die sie so traf, sogar insgesamt zwei weise Männer traf. Dem Land der Kulturbeutel hielt sie Worte wie »Spielraum«, »Freudentaumel«, »verjubeln«, »Zaubergarn« entgegen. Oft stellte sie sich zunächst auf die Stufe ihrer LeserInnen, hielt also das Yoruba-Spruchwort »Steine und Menschen sind verwandt« für Quatsch, ehe der sich als Weisheit enthüllte. Als teilnehmerorientierte Workshopperin profitierte sie vom Gros der TeilnehmerInnen, bis jetzt recht unsensitiv durch die Welt gestiefelt zu sein und also leider nicht zaubern zu können. Magie üben hieß nicht, mit Simsalabim und Abrakadabra Leute versteinern lassen, Geldregen auslösen und Würste an Nasen praktizieren, sondern Zombies verlebendigen und erkennen, was die Welt im Innersten zusammenhält. Ihr schönstes Lebensziel: die Welt umzuträumen. Ihre Lieblingsgöttinnen: Albruna, germanische Seherin, und Chomolungma, erhabene Berggöttin. Astrologie wertete sie auf zur »Himmelsphilosophie«. Besenflüge auf Harry-Potter-Ebene galt es sublim umzuformatieren in schamanische Seelenflüge. Luisa unterschied zwischen Desillusionierung und Entzauberung. Zwischendurch betätigte sie sich als halbwegs ausgeflippte Alleinerziehende einer 1974 nicht ohne Fruchtblasensprung zeitgleich mit dem ersten Tor von Gerd Müller gegen Magdeburg geborenen, vergleichsweise ganz normalen Tochter – Walli. Auf ihren Ausfahrten nach Tanger, New York und zu den Songlines, Traumpfaden und Energieliniennetzen der Aborigines, bewegte sie sich zwischen Wallfahrt und Zeitreise. Dialoge mit Frauen in Mali, Niger, Elfenbeinküste, Ghana, Benin, Nigeria, Gabun schnitt sie mit. Von einem Marabout in Timbuktu kaufte sie einen Grigri, das Lederamulett eines getöteten Tuaregs und beruhigte sofort dessen Geister. Kakerlaken tötete sie nie, aus Respekt. Ein unabschließbares Hotelzimmer in Algier, Wand an Wand mit Saisonarbeitern, verrammelten die daumenlutschende Walli und sie mit Möbeln; sie bat telepathisch die Kakerlakentraube überm Bett, nicht runterzufallen, worauf die Traube einen halben Meter weiterrückte. Das Graffiti »Anarchie ist machbar, Herr Nachbar!« variierte sie in: »Frau Nachbar, Blasphemie ist machbar!« Bisweilen beugte sich ein Stern zur bajuvarischen Hexe herunter und riß sie ein Stück mit. Dann wieder geriet sie in allzu irdische Paßkontrolle. So bewußt leicht sie ihr irdisches Gepäck hielt: Vor Grenzposten, die sie als kostümiertes Personal sah, als Hüter der Schwelle, die Grenzüberschreiter auf dem rechten Pfad zu irritieren hatten, mußte sie am Zoll den tückischen Schwellengeistern ihre Habseligkeiten ausbreiten: heilige Muscheln, eine magische Hühnerkralle, Tampons und Tarotkarten, Beurre de Cacao. Die Zahl ihrer Steine überwog stets die Zahl ihrer Slips. In Tibet sah sie Mönche einen TV-Football umlagern. Fußball definierte sie als Männerreligion ohne Erlösung oder Erleuchtung, also als Sisyphosfluch, das Antäuschen als alten magischen Trick, die Anreise der Fanmassen als Massenpilgerfahrt, den Schiedsrichter als Zeremonienmeister, das Trikot als schamanische Bärenzähne, das Merchandising als Devotionalienhandel; elf Spieler – heilige Narrenzahl 11. Brutalos, die sie in Kneipen anmachten, fuhr sie an: »Bei Männern wie dir warten wir vergeblich auf den evolutionären Sprung vom Affen zum Menschen!« Über eventuellen Männerverschleiß gab sie wenig bekannt. Blieb sie mit dem Ärmel an der Türklinke hängen, spürte sie foppende Geister. Zwar betonte sie, daß schamanisierende Personen auch in die Unterwelt steigen müßten, zu den DämonInnen, ihre Geisterhängematten und Teppiche aus Schmusegeistern, in die sie sich sympathetisch zutraulich einrollte und einkuschelte, sahen aber stets recht umgänglich aus, eher wie Maskottchen und Haustierchen. Schauderhaft atavistische Blutopferrituale auf Abraham-, Maya- und Dr. Christian Rätsch-Ebene ermäßigte sie dahingehend, daß sie Göttern nicht opferte, sondern sie beschenkte. Sie stellte Nistkästen für Geister auf, mit Geisterfutter. Sie streute Ritualkreise aus Mehl oder magischem Getreide auf vielbefahrene Autokreuzungen und ließ sich vom Hupkonzert nicht stören. Oder sie opferte an der B 12 Euromünzen einer angeblich »schlafenden Drachin«, goß Wacholderschnaps aus, um Unfallgeister günstig zu stimmen, und ließ Verkehrspolizisten darob staunen, daß dort ab sofort viel weniger Unfälle stattfanden. Sie fand ein nettes Quasi-Jenseits im Nahbereich; Neuzeit kein Hindernis; Hightech kein Hemmklotz für voll intakten Animismus. Bei abstürzenden Börsenspekulanten diagnostizierte sie: Geisterrutschbahn. Geld beschrieb sie als beliebte Aufenthaltssubstanz für Geistwesen und Flüche als ideales Reisemittel. Auf einer Buchmesse machte sie aus einem 10-Mark-Schein ein Ritualfeuerchen, vor entrüstetem Publikum. Nach zwei Wohnungseinbrüchen hängte sie ein Schild an die Tür: »Bitte nicht aufbrechen, Schlüssel liegt unter der Matte!« Zack, wurden alle Wohnungstüren aufgeknackt, außer ihre.

Als sie ihr Buch »Eine Göttin für jeden Tag«, das Pater Anselm Grüns »Ein Engel für jeden Tag« paraphrasierte, abschließen wollte, legte sich eine Wildkatze auf ihre Bücher; eine Marderin tauchte auf, bis die Atmosphäre zu dicht wurde und ihr Home Computer abstürzte. Mitten in der East 10th Street Bath in New York saß sie in indianischer Schwitzhütte und in finnischer Sauna wie in schamanischer Einweihung. Den Broadway sah sie als alten Geisterpfad der Algonkin, selbst die Wallstreet-Börsianer als Marionetten an überirdischen Fäden. Das Münchner Oktoberfest sah sie als Geistertummelplatz und den 11.9.2001 als Produkt von Geistereinfluß. Ihre Geister, wenn sie mit PC-Viren herumscherzten, wuchsen technisch voll mit, musikalisch aber ließen sie sich weiterhin bevorzugt von neolithischen Schamanenrasseln locken. Walli nahm ihre oft durchgeknallt singende und rasselnde Mutter gelassen hin. Im Andrang blauer Wunder wurde Luisa zur Goldmarie. Heinrich Schliemann brauchte ein Leben, um Troja zu finden; Mystiker litten lebenslang an ausbleibendem oder verebbendem Gott; sie hingegen ward von keinem Traum heimgesucht, der nicht prompt punktgenau als Wahrtraum einschlug: Auf Sahara-Tour träumte sie von blauem Steinkrug, sowie daß sie in früherem Leben erschlagen worden sei, und grub prompt am Folgetag eigenhändig, fast ohne Klappspaten, blaue Scherben sowie ihr früheres Skelett aus, spielfilmreif samt Schädelverletzung, und baute ein Fragment ihres eigenen Schädels in ihre schamanische Schildkrötenrassel ein; was ihre LeserInnen ihr problemlos aufs Wort glaubten. In einem Steinkreis in Cornwall lag sie eine Nacht lang fühlsam im feuchten Gras, falls weniger, z.B. ein Viertelstündchen, nicht mehr gewesen wäre. Im Flugzeug nach Nepal fand sie die tantrische Knochenperle eines lebenden Buddhas, die keinem gehörte und also zu ihr wollte. Daß Kontrollposten und Bakschischgeier hinter ihrem Jeep herballerten und Autoscheiben zerscherbten, klang eher nach TV-Räuberpistolen als nach Asienurlaub. Viel netter, närrischer, glaubhafter: Da sie im Bahnhof Kassel-Wilhelmshöhe, der sie ankotzte, auf der Zugfahrt von Hannover nach München nicht vier Stunden Aufenthalt haben wollte, fuhr sie aus geomantischen Gründen extra einen Umweg über Bebra (für 52,– DM Zusatzkosten). Auf ihrem Starfoto, mit auf die Stirn geschobener Sonnenbrille und in Flipflops (Gummisandalen), sah sie dann aber doch wieder arg nach Pauschaltouristin aus. Vom Faszinosum Tibet war die faszinierte und faszinierende Magierin, genau wie Annemarie Schimmel von Pakistan, »bezaubert«. Ihre launigen Erlebnisbücher und poetischen Formulierungen, daß leuchtende Fäden aus ihrem Hirn aufstiegen, ins All, sich mit Sternen verbanden und sie schaukelten, durchsetzte sie immer wieder mit zentnerweise Ballaststoff, Flachmurks im Wir-Ton, und Standardverkündigung à la, daß auf Reisen der banale Alltag mehr und mehr zurücktrete und wir uns dann neuen Erfahrungen öffnen würden, und daß die Wissenschaft im Grunde nur Zerstörung produziert habe, und daß man im Einklang mit existierenden Kräften leben solle, und daß uns irgendeine Landschaft düster und bedrohlich erscheinen würde, und daß Sonnenuntergänge wundervoll seien und wir sie intensiv erleben sollten. Sie war bereit, andere anzunehmen, ihr Bewußtsein zu öffnen, Körpersprache zu entschlüsseln, eigene Bedürfnisse einzubringen, aktiv zu werden, Beziehungen einzugehen, Impulsen nachzugeben, ganz da zu sein, mit anderen zu kommunizieren; sie redete vom Miteinander und Sich-gegenseitig-Mut-Machen, kurz und schön: Statt Dieter E. Zimmers Entlarvung des Psycho-Jargons las sie Susanne Wenger, Alexandra David-Néels, Isabelle Eberhardt, Peter Brook, »Per Anhalter durch die Galaxis«. Dem Faktum, daß im flächendeckenden AKW-Zeitalter alle EsoterikerInnen von energetischer Energiearbeit faselten, und daß es keine Zufälle gebe, und daß du nicht mehr verwurzelt bist, und daß du nicht denken, sondern einfach nur da sein sollst, im Be now here, betete auch die im breiten Fahrwasser von Ayurveda-, Kundalinimeditation mitschwimmende Wochenendseminarleiterin unbesehn nach, formulierte es immerhin etwas registerreicher durch und versuchte durchaus über den Tellerrand ihres Esotops hinaus ins oft so genannte Universum zu schauen, wohin sie oft sogar schaute. Termini wie Körperchemie und Traumzeitkörper hatte sie bestens drauf. Gorgonen seien von »atemberaubender Schönheit« (was dann ja fast an Botho Strauß' »bildschöne Frau« grenzte). Ihr Titel »Ich machte mich auf die Findung, denn Sucherin bin ich keine« variierte Nietzsches »Seit ich des Suchens müde ward, erlernte ich das Finden.« Unterschied zwischen heiligen Narren und spirituellen Eso-Frauen: Abu Yazid zahlte einen verrückt überhöhten Preis für ein heidnisches Relikt, einen Magiergürtel; Luisa Francia weigerte sich in einem Indianermuseum New Yorks, 100 Dollar für eine Rassel rauszurücken, und zahlte dann nur 6 Dollar für eine simple Kürbisrassel. Daß Luisa mit von Haus aus ungesprächigen Steinen und Sternen, z.B. dem Stern Aldebaran, intensive Freundschaften pflog, entschuldigte alles und entschädigte für alles. In Talkshows mit Sandra Maischberger saß sie auf den Studiosesseln immerhin im Yogasitz, rhetorisch in die Enge getrieben, wegen ihrer Menstruationsblutrituale. Schwarzmagierinnen wie Ulla von Bernus wirkten neben Luisa Francia arg düster und bedrohlich, berühmte Hexen wie Starhawk vergleichsweise unberedt, unoriginell und humorarm. Andere Hexen erlabten sich nie an so netten Witzen wie »Männer sind wie Klos, entweder besetzt oder beschissen.« Wenn sie aufbrauste, fühlte sie sich wie ein AKW vor dem Super-GAU. Oft erkannte sie sich als eine von jenen G'schaftlhuberInnen wieder, die sie verachtete: schöner Schritt in Richtung Weisheit. Bis 2008 schrieb die Opferpriesterin rund 29 Bücher, sowohl unseriös broschiert auf Hanfpapier in Werner Pieper's legendären Medienexperimenten wie parkettsicher im Hardcover-Verlag Nymphenburger zu München. Schöne Titel: ›In der Fremde ist der Fremde fremd‹, ›Fischmaul‹.

Worte von Luisa Francia: Die Realität dehnt sich dahin aus, wo sie gebraucht wird. – Grenzerfahrungen müssen sich nicht unbedingt an den Landesgrenzen abspielen. – Das kosmische Gelächter kommt bei uns manchmal als Meteoritenschauer oder als Sonnenwind an. – So viel Viagra kann ein alternder Mann gar nicht schlucken, wie sein erloschener Kamin verfeuern müßte, um die nie endende Fantasie zu befriedigen. (*Antwort auf eine Umfrage von connection special 73, 2004*)

Luisa Francia über sich selbst: ich bin so alt wie die bundesrepublik, ja, leider auch so alt wie die nato, so alt wie die abschaffung der todesstrafe in der bundesrepublik. als ich geboren wurde, lachte ich, weil ich schon wußte, was hier läuft. – Natürlich war ich in der Sponti-Linken ab 68 heftig aktiv. Was mich überhaupt nicht antörnte, war die Tatsache, daß wir Frauen den Genossen nachts um 3 Kaffee kochen sollten, damit sie Flugblätter formulieren konnten, die dann sowieso wir schrieben. – Dann fuhr ich sieben Jahre lang nur nach Indien, Nepal und Tibet, ich zog allein barfuß durch das Himalayagebirge, schlief bei Bergbewohnern auf dem

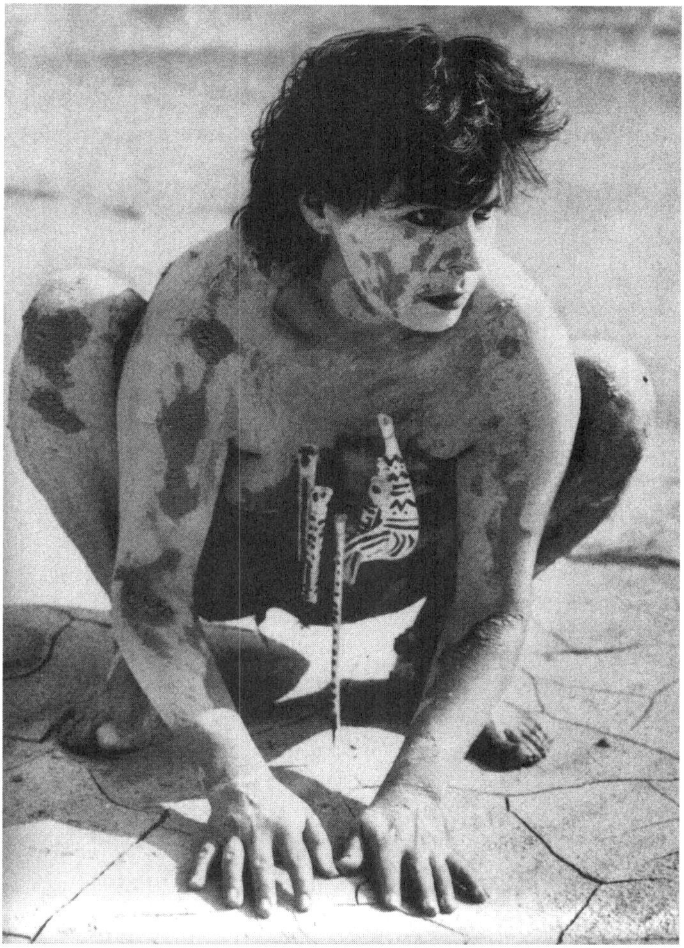

Luisa Francia: »Während ich barfuß laufe, erzählen mir meine Füße etwas.«

Hausdach oder bei Berggöttinnen auf dem Schoß. – Der Teil meines Gehirns, der die Vernunft beherbergt, suggerierte mir, wie lächerlich es sei, daß so eine Sonne, Milliarden Lichtjahre von mir entfernt, Kommunikation mit mir suchen könnte oder wollte. – Ich kann in einer Vollmondnacht zwar mein Auto zu Schrott fahren, ich kann aber auch etwas Konstruktives tun, mir die Energien dieser Nacht bewußt machen und damit arbeiten. – Oft, wenn ich lange Autoreisen unternehme, weiß ich nach ein paar Stunden nicht mehr, was ich mit meinem Auto reden soll. – Während ich barfuß laufe, erzählen mir meine Füße etwas. – Ich habe angefangen, mich mit Elfen über die Heilwirkung von Düften auszutauschen, und dabei einige wertvolle Informationen erhalten. – Wie traumhaft schön war meine erste Reise nach Malta! Ich schrieb ein Buch über meine Visionen dort.

Andere über Luisa Francia: Luisa ist eine echte Schamanin, jemand, der in seiner ganzen Totalität von Moment zu Moment an sich und in ihren Gruppen mit anderen arbeitet. (*Gayan S. Winter, 1989*) – Francia, statt wahnwitzig wie Swedenborg und Dr. Steiner in coelestischen Arkana zu versinken, in unsagbar überbelichteten, wenn auch menschenförmigen Engels-Universen, nippt bloß sympathetisch bis touristisch, mit auf die Stirn geschobener Sonnenbrille und blütenweißer Sommerhose, am Ensemble ihrer putzig hausbackenen Entitäten, alles im Nahbereich. Geistesgeschichtlich gleich weit entfernt vom Sanctus spiritus abgehalfterter Geistlichkeit wie von Schloßgespenst und von Geisterjäger Emil Sinclair gejagtem Trivial-Vampir, läßt sie sich am ehesten lokalisieren bei paracelsisch-anthroposophischen Elementargeistern, nicht gänzlich kontaktscheuen Hauskobolden, die man wie Meerschweinchen und andere Tamagotchis auf Vitzliputzli-Augenhöhe halten und mit Opfergaben, Teelichtern und Katzenfutter versöhnen kann. Was den Vorteil hat, nicht als geisteskrank zu gelten und alle Geister per Neuroleptikum weggenommen zu kriegen. (*»Ein Jenseits im Nahbereich«, Süddeutsche Zeitung, 2002*)

Näher dran an GOTT als manch ein Papst

Nina Hagen, die Godmother of Punk – DDR-Punk-Ikone, Rocklady, Rebellin, Regenbogenkriegerin, Interkosmologistin, Enfant terrible, Ulknudel, Eso-Type (geb. 1955)

Die Antifaschistin in der Gruppe Ernst Thälmann, ein Leben vorher, wurde dann in Ostberlin wiedergeboren, nicht ohne ihren Onkel Wolf Biermann. Schon als Göre, zwischen Westfernsehn und Beatclub, las sie Hermann Hesses Siddhartha und Paramahansa Yogananda. Im verordneten Atheismus mitteleuropäischen Kommunismusses testete sie Gott zum ersten Mal. Ruckzuck, mit siebzehn, wurde Katharina, d.h. Nina staatlich geprüftes DDR-Schlagersternchen, und mit neunzehn, auf dem Weg zum rockenden Anti-Star, Mitglied in AUTOMOBIL. Mit ihrer Stimme machte sie viel mehr als Heino und nicht viel weniger als Janis Joplin. Das erste Album der Nina-Hagen-Band verquickte, laut Rocklexika, Berliner Deftigkeit, punkige Unverblümtheit, radikalen Feminismus mit Fetischismus, Bisex, Weltangst, Weltfluchtromantik und Aussteiger-Erotik. Mundaufreißen, Hand in Hand mit Berliner Schnauzeaufreißen, paarte sich mit Fratzenschneiderei hoch 3 und Starallüren. Nina entdeckte ihr Interesse für rebellische Kunst, also auch Brecht. Demokratie reimte sie auf Atomenergie und Schafherden auf deren Abgeschlachtetwerden. Ihre Forderungen, lauthals hervorgeröhrt, verhallten zwar so ungestört wie ungehört, jedenfalls auf politischer Ebene, hörten sich aber gut an, für ihre Fangemeinde, und machten sie zur Reimdichterin: »Wir wollen, ganz einfach, die Machtstruktur verändern. Und zwar in allen irdischen Ländern!« Und die Machtstruktur im Himmel wollte Nina nicht verändern, nicht mal a bisserl? Statt bloß Berlinerin, war sie auch Amerikanerin, genau wie Präsident Kennedy, und genau wie Wolfgang Neuss eine echte Berliner Schnauze, frech bis zum Rand, und genau wie Prof. Eugen Drewermann sprach sie von Hühner-KZs und nannte also die Dinge beim Namen. Sie sang und betete sich hoch zum buntesten Paradiesvogel-Tupfer staubgrauer, bürgersteiggrauer, arbeiterkluftgrauer, neutralgrauer DDR-Tristesse, fröhlicher singend als das blasse FRÖSI und ein leuchtfreudigerer Lichtblick als Ampelmännchen, Sandmännchen und Pitti Platsch, auf jeden Fall der plusminus schrillste Vogel der ganzen DDR, aber in BRD-Relationen, so von der Schrillheit her gesehn, wurde sie eher als lahme Ente verbucht. Aber wie jeder Karneval immer gleich an einen Aschermittwoch stößt, so auch jede Gesichtsverrenkung und jedes schrille Outfit an die engen Grenzen des Schrillen, zumal man ja privat auch ganz gern mal ganz unschrill tickt, und einfach nur ganz normal aussehn möchte. Obwohl sie nicht auf die Welt kam, um als menschliches Mitglied in dieser Evolution Tiere aus Massentierhaltung zu essen, sondern um sie mit lautem Protest zu befreien, und obwohl sie dichtete »Balanciere Dein Leben mit richtigem Essen, ich hoffe nur, Du wirst doch keine Tiere fressen«, aß sie selber schon arg gern Scampis und Fisch, zum Protestaufschrei aller Hare Krishna People und Tierschützerinnen.

In einer ORF-Live-Talkshow 1979, worin die baldige UFO-Spezialistin (Lieblingszahl: 37) gegen nigerianische Klitorisbeschneidung kämpfte, zumal sie früher schon mal als Afrikanerin herumlief, zeigte sie auch ganz praktisch vor, pantomimisch überdeutlich, eingeschweißt in aalglattes Domina-Leder, wo bei Frauen ein bestimmter Punkt gefunden werden könnte – endlich ein Skandal! Oft fühlte sie spontan eine ganz große Liebe in ihrem Körper, war high & superhäppy. Wo Dieter Bohlen, den sie »Sexist ohne Manieren« nannte, das Wort ›schnackseln‹ bevorzugte, und Klaus Kinski »ficken«, sagte Nina »eine große Nummer schieben« oder »sexuell vereinigen«, z.B. mit Paul. Statt Pornographie bevorzugte sie ›Holographie‹. 1980 parallelisierte Nina langwierige Vertragsverhandlungen mit CBS mit gemütlicher Schwangerschaft, bis sie im neunten Monat die Bhagavat Gita las und dann Cosma Shiva Hagen sich auf dieser Welt physikalisch manifestierte, gezeugt entweder vom heroinsüchtig abgefuckten Ferdinand, von Noddie from Toytown, vom Dreadlock-Rasta aus New York oder vom Graffiti-Punker Dr. Rat aus Amsterdam, so oder so oder so oder so: Sie wollte keines Pocken-Locken-, Gonokokken-Typen Fickmaschine sein, spritz spritz, das isn Witz, keine Käsesocken, Hosen, T-Shirts waschen, lieber mit Frau Holle auf den Strich gehen, und bei Cosma Shiva handelte es sich um ein sehr kosmisches Buddha-Kind, auf jeden Fall von einem anderen Stern. Journalisten motzten, Mutter Nina würde bereits dieses kosmische Baby mit Punk volldröhnen. Gelegentlich heiratete die schräge Liebesgöttin so kosmisch wie möglich einen Schüler, der nur halb so alt war wie sie, zum Gaudi von 7,6 Mill. ARD-Zuschauern 1986, oder von BILD und Brigitte. Zum Abkratzen sagte sie ›abschweben‹. Die ›problems‹ und der Mist, der ihr in Zweierrelationships mit Junkies hochstieg, waren gar nicht gut für die Erleuchtung, also echt. Daß sie wegen Schoko-Konsums nicht an Überfettung starb, rechnete sie ihrem Schutzengel hoch an. Ihre

Lieblingslektüre belief sich 1988 auf Shirley MacLaine, Astrid Lindgren, Erich Kästner, Chris Griscom, Tuella und Rhea Powers. Ihr Stein: ein Türkis. Ihr indianisches Astrologikum: statt Fisch – ein Puma. Ihre Lieblingsobjekte: Unknown flying Objects. Sie trug Geheimwissen zusammen, um das Weltsterben zu beenden und einem glücklichen Zeitzyklus entgegenzugehn – immer noch Aquarius? Obwohl sie voll trendy auf dem spirituellen Modetrip fuhr, fanden es viele scheiße, wenn sie über Jesus & schönfarbige, d.h. also tamagotschi- und teletubbieförmige UFOs laberte. In Malibu hatte sie eins davon gesehn. Ihre absoluten Lieblings-UFOs zeigten sich in Pink, Grün, Lila & Blau. In ihrer Kokain-Phase hatte sie besten Kontakt zu guten Geistwesen, als dann aber fiese Geister in ihr hochstiegen, mußte sie GOTT anrufen, damit ER sie davon befreie, was ER dann auch umgehend tat. Die GÖTTLICHE Entität, die durch sie sprach, ihr sokratisches Daimonion, nannte sich Michi, ja sogar MICHI, und hatte das Problem, Ninas Wortschatz benützen zu müssen. Philosophen laborierten an Gottesbeweisen; Tierschützerin und Peta-Sympathisantin Nina aber bewies GOTT, dem Erfinder des LSD, daß sie die ganze Menschheit über alles liebte. Ihren GOTT schrieb sie genauso in Majuskeln wie CBS und DDR.

Sie plädierte für den lachhaften Siegeszug von Clown-Power, irgendwo zwischen Zappa und Emma, betätigte sich auch als weltverändernde Künderin in glorios angedachter, angefühlter, angefixter, angetörnter, anvisierter H.R.P.D., kein sehr griffiges Kürzel, immerhin der Harmonisch-Radikalen Partei Deutschlands, gegründet 1987 mit Spontifex Herman the German, der neuen vereinigten Phalanx und Front von Grünen, Ökos, Kreativen, Liebespaaren, Christen, Liebespaaren, Buddhisten, Shivaisten, Hinduisten, votierte gegen AKWs, Vergiftung der Erde und krebserregendes Chemie-Zeugs, plädierte für prima Tauschhandel und Kunst, viel Knete auf den Weltbanken – Nina for President! Multidimensionaler androgyner Ideen-Fluß! Auch der Kontakt zu außerirdischen Intelligenzen stand auf ihrem Parteiprogramm. Wenn Gott dies hätte noch erleben dürfen, daß Nina zur Sicherheitsinspektorin gewählt worden wäre! Dann hätts nur noch, statt Paranoia und Atombomben, peace, Freude und Eierkuchen gegeben, Ballsäle für Punks und Skins zum Abrocken, Galerien, Pyramiden, also Wunscharchitektur und bonbonbunt bzw. ufobunt schattenloses Utopicum im Sinne Ernst Blochs, Karl Wilhelm Diefenbachs und Paul Scheerbarts. Nina unterschied gute, d.h. pinkfarbene, grüne, lila und blaue Ufos von nicht so guten Ufos. Manche sahen ziemlich futuristisch aus; andere röhrten vor lauter Diesel. Ferner enthielt ihr Liebes-Eldorado massig Pferdefarmen, Videostudios mit viel Platz für Mode, Weltraumpartys und Weihnachtsekstasen. Love, love, love, and give peace a chance – forever und schon wieder! Und außerdem stimmte es ja immer noch und hatte sich aufs neue immer noch lange nicht verbraucht: Machs deinem Nächsten und Übernächsten so lustvoll wie dir selbst! Sogar ihrem Landesvater Erich Honecker drang Nina ins Gewissen und konfrontierte ihn mit ihrer Eso-Traumcreme, ihrer lila-pinkfarbenen himmlischen Hierarchie, die ihm garantiert die Weltbürgerschaft abgesprochen hätte und die Chance auf bessere spätere Einleibungen hienieden. Bei der DDR hofft man ja eher, daß sie sich nicht, nach ihrer Ausleibung, noch mal wiedergebiert. Genau wie Ariel Sharon und Yassir Arafat auf dem Titanic-Cover einen Joint rauchten, endlich Ruhe in der Rappelkiste, so parlierte Nina bei einem Marihuana-Pfeifchen mit Erich (Honecker) über dessen verdrängte Weiblichkeit und scherzte an Margots Kleiderschrank, aber leider nur innerhalb einer geistigen Vision. Die Ufo-Mutterschiffe sah Nina als Karawane der Träume, die den atomar verseuchten und versifften Heimatplaneten dann schnell noch retteten, nämlich so arche-noah-mäßig auf den letzten Drücker, why not? Ach ja, hätte sich diese enorm hyperradikale Harmoniepartei unterm Vorsitz von Hagen & Neuss genauso aufsaugen, entstacheln und verfrühstücken lassen wie vorher die Grünen und die gar nicht erst ins Parlament gewählte Partei des Naturmenschen Gustaf Nagel anno dunnemals? Die Zeitschrift »Tempo« mahnte im Interview: »Nun werden Sie mal nicht unverständlich!« Wenn vielen Punkgangs und Skinheads ihre Message, daß wir alle im Boot der Evolution sitzen, zu abgehoben klang, machte die Nina das traurig. Zu ihrem Daisy-Duck-Augenaufschlag gesellte sich dann ein Flunsch oder Schmollmund. Denn ach, Dadaismus und Humor kamen noch nie so richtig weit, mangels desolat realpolitischer Bodenhaftung. Da regierten und gestikulierten unvereinbare Großmächte aneinander vorbei.

Auf Fotos gab Nina auch mal einer Kuh einen Zungenkuß. Im Himalaya machte sie große mystische Sachen, Kräfte entfesseln und so. Nina unterstützte Ashrams, Hospize, Straßenkinder in Brasilien, Kinderkliniken in Tschernobyl. In ARD-Talkshows bei Sandra Maischberger nannte Nina Hagen auch mal ihre Geschlechtsgenossin Jutta Ditfurth »dumme Kuh«, kritisierte deren Hüftumfang, nannte ihn »Apparat«, oder setzte sich extra weit weg von Fernsehjournalist Joachim Bublath, weil dieser weder an Ufos noch an Gott glaubte und sie sich nicht an seinem angeblichen Alientum anstecken wollte, und exorzierte ihn aus der Talkrunde mit Sandra Maischberger hinaus. Aus dem Liebestempel dieses gottdurchfluteten, trotzdem verseuchten Universums klammerte sie also bestimmte Aliens und dicke Kühe unnötig gewaltsam aus, genau wie Franz von Assisi das Schwein nicht liebreich einbezog in seine geliebte Gottesschöpfung.

Weniger war für sie nie mehr, sondern meterdickes Make-up und Perückenaufbau erigierten noch höher & steiler. Häme & Kritik spielten oft ihre frühere gegen die spätere Singstimme aus. Umfängliches biographisches Material ward hervorgewuchtet und zeigte eine zunächst nur halb

Nina Hagen – diese tatsächliche Lady Gaga brachte den Punk auf den Punkt.

so exzentrische Nina, ein Mädel, das gern in Gruppen rumhing und quatschte und genau wie alle andern gut drauf war und eben diese andern ganz doll liebte und die häppy war, wenn fast alles ganz gut ging, und es lief ja auch ganz oft alles ganz doll prima, wenn man überall tolle Leute kennenlernte. Für viele, nein: manche wurde sie präcox zur komischen Alten, auch wenn sie noch so oft in den Jungbrunnen dänischer und kanadischer, mal 22, mal 28 Jahre jüngerer, z.T. selber singender Lover und Physiotherapeuten sprang. 2008 bekam sie eine eigene Pro7-Show. Mit

37 veröffentlichte sie ihre erste Autobiographie »Ich bin ein Berliner«, mit 45 ihre zweite Autobiographie, mit dem nicht sehr punkigen Titel: »Bekenntnisse«.

Worte von Nina Hagen: Scheiße, unsere Menschenfamilie hat sich nicht lieb! Wie ich das manchmal traurig finde! – Laßt uns alle Probleme weglieben, einfach weglieben. – Früher sind wir auf Pferden geritten. Bis jemand dann das Rad erfunden hat. Mit eingerechnet die vielen Unfälle. Und Rollstühle. – WIR müssen jetzt himmlisch sein und nicht erst später! ULTRA-Violett und wie! – Jugendbrigaden aller Länder, jetzt vereinigt euch endlich! – Dem Freak der Sieg! – Du, ich kann jetzt hier nicht so einfach mit dir rumschmusen, ich muß den Kleinen erst fertigheilen, im Namen des Vaters, des Sohnes und des Heiligen Geistes! – Es ist jedenfalls immer ziemlich blöd, wenn man mit einem Boyfriend beengt zusammenhängt, anstatt gemeinsam die Welt zu befreien und zu beglücken. – Wir sollten, glaub ich, unsre Seelen und Herzen reinhalten und gut zueinander sein! Das klingt jetzt wie die Märchentante aus dem Ostfernsehn. – Gewisse Eingeweihte wissen, was ich mit »Ekstase« meine. – Jedenfalls ging die Nacht so langsam vorbei, die morgendlichen Sonnenstrahlen kamen hervor, und die Vögelein fingen an zu singen. Nun, was sagen sie? Die Vögelein sangen alle: »Nina Hagen, Nina Hagen.« – Dann lagen wir auf der Veranda übernanda. Und die Sonne brannte unsre heißen Köpfe durchnanda.

Nina Hagen über sich: Ich bin heiß. Ich meine: Mir ist heiß. Aber warum sind denn nicht alle so heiß? – Ich liebe mich, meine Tochter und Gott. – Ich fühle mich wie Gottes Tochter in Person. Das ist auch der Grund, warum ich nicht mehr von dieser Welt bin. Ich benutze diese Welt. – Ich hab mal gesagt: »Literatur, da wird mir übel!« Damit meine ich aber Schundliteratur und so'n Mist, nicht Bücher allgemein. – Ich bin eine richtige Leseratte, was für 'ne irre-tolle Art der Kommunikation! – Ich könnte über Steine immer wieder schier ausflippen. – Ich hoffe, die Deutschen werden ihren Humor wieder entdecken ...!! Yes. – ich kann's wirklich nicht mehr hören, wieso sauer auf Nina Hagen? Was mache ich denn? Ich mache Musik, ich schreibe Lieder, ich mache ein Buch, ich habe ein Kind, ich laufe auf der Straße rum wie ein Papagei, ich fahre und mache umsonst Konzerte in Christiania in der anarchistischen Wohnlandschaft, ich werde aus der Hafenstraße rausgeschmissen, weil ich Iroquois auf Ibiza geheiratet habe. – Ich will keine Hits produzieren, ich bin der Hit. – Ich glaube, man kann keinen tiefen Sinn in mir finden, denn ich bin der tiefe Sinn selbst. – Ich will euch meine Seele zeigen. – Ich möchte außerdem vorschlagen, ins neue harmonisch-radikale Revolutionsprogramm noch aufzunehmen, daß der Minister für Schulwesen veranlaßt, daß ab sofort Nina-Hagen-Schallplatten als Lehrmaterial in die Schulen geliefert werden. – Ich bin nämlich ein Multimedium. Und außerdem leben in mir Bertold Brecht, Janis Joplin und Valeska Gert weiter. – Für mich ist die Bühne der liebste Gottesdienst. Wenn ich auf die Bühne gehe, werde ich euch alles sagen! – Ich bin mit Jesus Christus verheiratet. Ich habe mich ihm versprochen, als ich im Krankenhaus lag. – Ich sehe diese ganzen Freuden und

Leiden, die mir begegnen und die ich produziere, als GÖTTLICHE Tests und Prüfungen. – Also, ich möchte gerne zurück zu GOTT, und ich möchte meine Seele nicht verlieren, sei es durch einen atomaren Zusammenbruch hier oder durch eigene innere Bosheit oder so. – Ich fühlte mich zerrissen, weil ich Kai so doll lieb hatte und Flori immer Liebeskummer hatte und weinte! Er weinte, ich weinte, wir weinten. – Es ist doch ein menschliches Bedürfnis, daß, wenn man noch nicht Nonne ist, nach Freunden und nach einem Liebhaber sucht. Und zu der Zeit traf ich ganz tolle Männer. – Träume sind für mein Leben sehr wichtig geworden. – Prompt wird mirs jetzt schwer ums Herz, ich brauch nur Vögel flattern sehn und fliegt mein Blick dann himmelwärts, tut auch die Seele weh, wie schön! – Es war so stark, daß ES sogar zitterte, so als ob es ziemlich schwer war, dimensionsdurchbrechungsmäßig diesen einzigartigen Kontakt herzustellen. – Ich glaube, ich sollte versuchen, mein Buch als Doktorarbeit einzureichen. Denn Kennedy war ja auch Dr. oder watt?

Andere über Nina Hagen: Und da hat sie irgendwie einen Sinn gekriegt für das Überirdische. Das hat sie mir damals erzählt. (Gisela Schroeder) – Sie nimmt sich das heraus, was sie gebrauchen kann. Und hat immer wieder Neues kreiert. (Eva-Maria Hagen) – Wie sieht die denn aus? (Zufällige Bauarbeiter) – In ihrem Kern ist sie ein liebesbedürftiger, warmer, zärtlicher Mensch. Mit großer Sehnsucht nach Wärme, Nähe, Geborgenheit. Das heißt natürlich nicht, daß sie sie ertragen kann, wenn sie sie haben könnte. (Florian Havemann) – Kann Nina Hagen Deutschlands bedeutendster Beitrag zur Pop-Kultur seit Brecht werden? (Melody Maker) – Wenn das meine Tochter wär, würd ich sie auspeitschen. (Publikumsreaktion) – Ist Nina Hagen die Frau von morgen? Sie nimmt, was sie sieht. Sie liebt, wen sie will. Sie kümmert sich nicht darum, was andere sagen. (BILD am Sonntag, August 1987) – Was mich an ihr fasziniert, ist ihr wacher und gleichzeitig naiver Verstand. (Fürstin Gloria von Thurn und Taxis, Regensburg, im Juni 1988) – Ninas Seele ist ein humorvoller, glücklicher Bestandteil Gottes. (Michi, Ninas göttliche Channeling-Entität, also praktisch ihr Hieroglühfix und Daimonium) – In »magischer Verbindung von Kindlichkeit, Wahnsinn und Verweigerung« (Autorin Cornelia Frey in ›Der Spiegel‹) brach sie mit sämtlichen Konventionen des zuhörerfreundlichen Rock-Vortrages, vermischte anarchistisches Gebaren auf der Bühne, im Studio, bei der Karriereplanung mit ihrem als Happening inszenierten Privatleben zu einem existenzialistischen Gesamtkunstwerk, das Fans wie Kritiker abwechselnd in Rage und Ekstase versetzte. (Graves/ Schmidt-Joos, 1990) – Nina gewann die Erkenntnis, daß sie sich nicht nur ausleben konnte. Ursprünglicher, herrlicher, lauter und überdrehter als jemals zuvor, sondern daß es Leute gab, die das sogar gutfanden. (Marcel Feige, 2002) – Am 10. September 2011 trat Nina Hagen im Programm der Freiheit statt Angst-Demonstration für Bürgerrechte auf dem Berliner Alexanderplatz auf. (Wikipedia, 2012)

Esoterische Lösung des Welthungerproblems

Jasmuheen (geb. Ellen Grave), Kosmostelepathin, Liquid-Pranierin, Lichtarbeiterin, Channeling-Esoterikerin, Metaphysikberaterin (geb. 1957)

Die australische Tochter norwegischer Auswanderer arbeitete nach einer wunderbaren Kindheit als Bankangestellte und trat später einer Gruppe bei, die um die Energiefelder des Körpers kreiste und auf dem Sektor Breathairianism (Atemluftismus), bzw. Liquidarismus, Pionierarbeit leistete, Methoden entwickelte, einen Lichtkörper zu entwickeln, mit Lichtwesen medial in Kontakt zu treten und mit deren Hilfe normale grobstoffliche Ernährung fallenzulassen, sich nur noch von Prana – flüssigem Licht – zu ernähren, was Jasmuheen ab 1993 dann auch tat; mit dem feinstofflichen Effekt, immer beschleunigter und metaphysischer an steigerbarem Aufstiegsfieber zu erkranken, hinan in ätherische Reiche, auf anderen Schwingungsebenen in morphogenetische Universelle Felder des All-Einen, um dort die Botschaften der Aufgestiegenen Meister Arkturius, Lord Sananda, Graf Saint Germain († 1784) (der alle Shakespearedramen verfaßte!) – »und seit kurzem auch von Kuthumi« – noch luzider zu vernehmen und mitschreiben zu können als vorher. Fernziel, noch bei Lebzeit nie wieder essen, trinken, schlafen zu müssen, bzw. schlafen nur noch, um derweilen in anderen Dimensionen unterwegs zu sein. Vorteile: nicht nur nie wieder Warteschlangen im Supermarkt erdulden, nie wieder Kücheputzen, viel Geldsparen (für Hilfsorganisationen), verbessertes Hellsehen, unendliche Leichtigkeit des Seins, und bei richtiger Organisation: Lösung weltweiter Hungerprobleme. Im Gegensatz zu Dr. Rudolf Steiners drei Wesensgliedern (Astral-, Äther- und physischem Leib) unterschied Mrs Grave, die nun Jasmuheen hieß (Duft der Ewigkeit), vier Körper (Emotional-, Mental-, Spritualkörper + Körper). Als metaphysische Pressesprecherin der »Großen Weißen Bruderschaft« brauchte sie ab jetzt, statt acht bis zehn, nur noch sechs bis vier bzw. zwei bis drei Stunden Schlaf. Ihre Lichtquotientensteigerung korrelierte mit Zellregeneration. Auf höheren Bewußtseinsstufen zu schweben und dann das physische, durch unnötig hohes Toxitationsniveau abgenutzte Vehikel unter sich mortal fortbrechen zu sehen und bloß zu sterben, weil alle einem einreden, daß man das müsse, das empfand sie als Zumutung, genau wie Bazon Brock. Sie wollte nicht sterben, nicht aus Angst vor Todesschmerz, sondern um nicht die nächste schmerzhafte Wiedergeburt wiederzuerleben und wieder Windeln tragen zu müssen – was viele als spinnerte Ideen ansahen, statt als legitime Lebensziele. Zwecks pausenloser Toxitationssenkung und Reinigung von negativen emotionalen Energien, auch zwecks Chakrenöffnung, badete sie pro Tag eine Stunde, dies sogar bei Himalayareisen, wo sie aus Plastikfolie über Felsen eine Wanne formte und Wasser im Metalleimer erhitzte. Als Meisterin der Lichtarbeit erstrebte sie auch Befehlsgewalt über Eingriffe in Molekularstrukturen – ohne daß sie das »zaubern« nannte. Dann wär sie bloß auf Potterebene verblieben. Jasmuheen aber näherte sich weniger Kafkas Hungerkünstler, der leider bloß auf Jahrmarktebene verblieb, sondern erstens mittelalterlichen Fastenrekord-Nonnen wie Therese Neumann und darüber hinaus zweitens jenen Immortalisten wie Babaji, der seit Jahrtausenden – ab und zu in wechselnden Bodys de- und rematerialisierend – den Tod überwand, bereits Jesus persönlich unterwies und von 1924–1958 im indischen Dorf Dhanyon bei Alomora lebte. Auch sie selber – weder nach Macht noch Ruhm noch Geld strebend – würde als Yogini ohne Essen in einer Höhle perfekt leben können, gab sie bekannt. Sie lebte aber gutgeerdet und wohlsituiert in einem großen Haus in Brisbane, mit Swimming Pool und stets gefülltem Kühlschrank – wofür? Für Jeff, ihren vergleichsweise erdhaften Mann, und ihre Tochter, die immerhin ebenfalls sich im Channeln übte und das Universum um mehr Geld bat, und schon gab der Pizzabringdienst ihr die Pizza, weil sie leider schon kalt war, umsonst. Übrigens naschte Jasmuheen in ihrer jahrelangen Nährstoff-Enthaltung – bis auf Tee und Wasser –, ganz selten zwischendurch, wie sie zugab, etwas Schokolade, auch mal Kartoffeln, aber nicht, weil sie's gebraucht hätte, nur aus Geschmacksgründen, Langeweile oder dem Meisterschaftsdefizit, die Integration ihres Höheren Selbst anzupeilen. Jasmuheens Buch »Living on Light«, 1997, erläuterte ein 21-Tage-Programm, wie man sich zur quasi photosynthetischen Lichttrinkerin transformieren kann. Das verkaufte sich auf deutsch – »Lichtnahrung. Die Nahrungsquelle für das kommende Jahrtausend« – 20000 mal. Zwischen 1997 und 2000 beschritten in der BRD fünf- bis sechstausend Lichtnahrungsgläubige diesen Weg des rigorosen dreiwöchigen LNP (Lichtnahrungsprozesses), weltweit acht- bis neuntausend Personen – und drei davon verdursteten innerhalb weniger Tage. Jasmuheen und ihre Verlage hatten sich aber juristisch abgesichert. Sie kommentierte, die eine Dame sei nicht integer gewesen und ohne die richtige Motivation, und drei Tote seien hinnehmbar angesichts der ungeheuren Perspektive, das Hungerproblem der Welt weltweit mit ihren Methoden zu bewältigen. In Entwicklungsländern bot sie aber keinerlei Bücher, Informationen und Seminare an, sondern bloß im Reich der Fettabsaugung, Bulimie, Moppelprobleme, wo man auch willig 350,– DM Eintritt für Vorträge hinlegte. 1999 willigte Jasmuheen ein, sich einer medizinisch und journalistisch kontrollierten Testwoche zu unterziehen: reines Lichtfasten, ohne Feststoff- und Flüssigkeitszufuhr, in isoliertem Hotelzimmer. Man fand bei ihr, im Gegensatz zu fastenden Nonnen und Heiligen im Mittealter, kein Essensversteck unterm Bett oder in der Wand. Doch am fünften Tag brach die Begleitärztin das Experiment, weil die rund um die Uhr gefilmte Probandin bedenklich dehydrierte und rapide Gewicht verlor, gegen deren Willen ab. Die Durstkünstlerin meinte, sie habe sich durch »Arroganz und Naivität« zu dem Test verleiten lassen, der erfolgreich verlaufen wär, wenn sie nicht durch Autoabgase der Straße neben dem Hotel und durch den Zigarettenqualm der Sicherheitsleute vergiftet worden wäre.

Ihre Lebensdaten paßten nicht ganz zueinander: Einerseits gründete sie laut Selbstaussage 1974 in den USA die Rebirthingbewegung auf Pranayama-Basis, der sich 10 Millionen Menschen anschlossen, traf 1977, nach zweiundzwanzig Jahren Bibelstudium (trotz des Geburtsjahrs 1957!?), ihren ersten unsterblichen Shiva-Yogi, Goraknath von Herakhan, von dem sie die Meisterschaft über das Geheimnis der Feuerreinigung erlernte, verlor aber ihren Job als Bankangestellte erst '93!?!

Worte von Jasmuheen: Wenn uns 90–95% der Energie, die wir normalerweise zur Verdauung brauchen, zusätzlich zur Verfügung stehen, dann können wir mit diesen Energien unser grenzenloses Potential wirklich erforschen. – Jeder im Westen besitzt eine Toilette und warmes Wasser in seiner Wohnung. Also ist es für die meisten Leute normal, 2 x am Tag zu baden, was der Praxis der unsterblichen Yogis entspricht. – Die Vorstellung, weder Nahrung, Vitamine oder zusätzliche Nährstoffe zu sich zu nehmen, erschüttert die Industrie so sehr, wie die alternative Therapie der Selbstheilung oder Krankheitsvorbeugung die Milliarden Dollar schwere pharmazeutische Industrie erschüttert! – Wenn wir uns nicht genügend spirituell reinigen, können wir einen »Guru-Bauch« entwickeln. – Die Engel lassen uns mit dem ihnen eigenen Humor wissen, daß Schmerzen zwischen den Schulterblättern oft dadurch entstehen, daß unsere ätherischen Flügel im Physischen verankert sind. – Der Graf von Saint Germain verbrachte dann etwa 85 Jahre mit der transhimalayischen Bruderschaft und den Meistern El Moyra, Kuthumi und Djwal Khul. Sie channelten die ursprüngliche theosophische Literatur durch Madame Blavatsky. Weiterhin heißt es, daß er bei der Formulierung der amerikanischen Verfassung und der Unabhängigkeitserklärung maßgeblich beteiligt gewesen sein soll.

Jasmuheen über sich selbst: Ich weiß, daß ich keinen Schlaf und keine Nahrung brauche. – Für mich ist die menschliche Existenz ohne das Ziel der totalen Meisterschaft langweilig und sinnlos. Die Unsterblichen zu studieren ist der Schwerpunkt meines Lebens. Es verwundert mich, daß Menschen mit einem oberflächlichen Le-

Jasmuheen: »Erstklassiges Denken führt zu einem erstklassigen Leben, grenzenloses Denken führt zu einem grenzenlosen Leben.«

ben und anschließendem Tod zufrieden sind. – Wesen wie ich nehmen keine physische Form an, und so ist es nicht erforderlich, zu bilokalisieren oder zu teleportieren, da wir die Molekularstruktur nicht beeinflussen müssen. – Ich persönlich veranstalte nur noch äußerst selten gesellschaftliche Zusammenkünfte zur Abendessenszeit.

Andere über Jasmuheen: Seit sich Jasmuheen von Prana ernährt, arbeitet sie intensiv mit den Aufgestiegenen Meistern zusammen. (*KOHA-Verlag, 1997*) – Vielleicht denkt Ellen Grave auf dem Flughafen Heathrow an einen der peinlichsten Momente in ihrer Karriere als Jasmuheen. Ein Reporter hatte sie dort nach einem Interview bis zum Check-in-Schalter gebracht. Die Angestellte von British Airways sagte: »Miss Jasmuheen? Sie haben ein vegetarisches Menü bestellt?« Jasmuheen stotterte. »Äh, nein, nein.« Der Reporter grinste. Da wurde sie zornig. »Nun, ja, okay, habe ich«, zischte sie. »Aber ich werde es nicht essen.« (*Bernd Hauser: www.lichtnahrung.org/hausser.html, 2008*)

Grüner Schutzengel contra Pacific Lumber

Julia Butterfly Hill – Sinnsucherin, Umweltschützerin, Waldaktivistin, Baumfrau (geb. 1974)

Als die Tochter eines puritanischen Wanderpredigers aus Jonesboro/ Mount Vernon mit sechs oder sieben in den Bergen von Pennsylvania wanderte, landete ein Butterfly auf ihrem Finger und blieb über Stunden zutraulich bei ihr. Sie jobbte dann in Restaurants und als Model, ehe 1996 ein Autounfall mit Nahtodeserfahrung ihr Leben umkrempelte. In »Zeiten der Not« und der Orientierungssuche wurde Julia immer wieder von schmetterlingsförmigen Hoffnungssymbolen besucht. Sie begab sich auf die Reise zu den spirituellen Plätzen der Erde, spürte sich von Bäumen gerufen werden, kam in Kontakt mit Umweltgruppen. 1997 löste sie Aktivisten von Earth First ab, Baumbesetzer namens Seppo, Shakespeare, Nature Boy, Jump Shot & Almond, erklomm einen tausend Jahre alten, exponiert stehenden, sturm-, blitz- und waldbranderprobten Redwood, 65 m hoch, Durchmesser 4 m, eins der ältesten und größten Lebewesen des Planeten, spürte Angst, ihr Leben einem Seil anzuvertrauen, nur so dünn wie ein 10-Centstück bzw. ein Zeigefinger. Sie mußte mit den anderen Ökofreaks als Rollmops zu dritt nebeneinanderschlafen, mit Schlafproblem; denn ihr als Puritanertochter fiel das Pinkeln in männlicher Gegenwart nicht leicht. Sie blieb dann länger oben auf der windumspielten Plattform (1,25 x 2,50 m) als die anderen Baumnarren und Lunaretter (Luna hieß der Tree, weil die beiden Plattformen heimlich im Mondschein gebaut worden waren). Sie baute nicht nur eine enge Beziehung zu Luna auf, sondern auch eine tiefe Verbindung, schleuste also noch so was wie Romantik, Animismus & Mystik in eine enge pragmatische Welt aus Isolierband, Klettergeschirr, Karabinerhaken, Taillengurt, Gaskocher, Thermohose, Skihose, Tütensuppen, Synthetik-Schlafsack, Katzenwäsche, Nackenbeschwerden, windgeschützten Kerzenhaltern und Plastikplanen, die wegen Zugluft Tag und Nacht »flapp, flapp, flapp« machten. Zaungästen, die es bei Stippvisiten nicht sehr gemütlich fanden, sagte sie, das sei halt kein Fünf-Sterne-Hotel. Auf gute Argumente, aus der Baumkrone heraus, runter zu Waldarbeitern, die unten bereits Nachbarstämme fortsägten, hörte man als Gegenargument nur ein »Fuck you!« »Umweltschützer« – für Holzfäller war das ein Schimpfwort für ungepflegte Müslifresser und Waldschrate.

Goliath contra David: Der gewissenlos als Riesenhai zuschlagende Raubbau-Holzkonzern Pacific Lumber/Maxxam, beängstigend hervorgeboomt aus relativ ökologisch denkendem Familienbetrieb 1885–1985, stand als Gigantfront dem kleingeratenen Zuschußunternehmen »Earth First« gegenüber, zaghaft hervorgegrünt aus dem Movement Save-the-Readwoods-League, mit dem Motto: »You Can't Clear-Cut your Way to Heaven!/Du kannst dir den Weg zum Himmel nicht mit der Axt freischlagen!« Nur daß hier einer von Tausenden ressourcenverarbeitender unsinkbarer Hyper-Mammut-Goliaths gegen einen restlos machtlosen, zwillenlosen Minimalzwerg antrat, der nicht jeden Redwood, sondern bloß einen besetzte und auch nicht hoffen konnte, die internationalen Holzverbrauchsquoten zu senken, sondern bloß das Abholztempo geringfügig zu verlangsamen. Kapitän Ahab & Don Quixote hatten gegen relativ passive Übermächte wie Windmühlen & Pottwale gekämpft; Donna Quixotes Windmühlen betrieben nicht nur Notwehr, sondern gingen zu Angriffen über; denn daß Pacific Lumber diesen einen Baum nun nicht fällen konnte, wurde ihm zum Dorn im Auge. Das schlug als Kostenfaktor zu Buche. Don Quixotes Windmühle dröhnte als Columbia-Hubschrauber (trotz des Verbots, mehr als 70 m an Menschen heranzufliegen) ganz dicht an Luna und die mitfilmende Julia heran, um sie durch Rotorblätter, Lärm, Luftturbulenz und Abgas mürbe zu machen, woraufhin Julia das Video der Bundesluftfahrtbehörde zuleitete, die den Konzern verwarnten. Durch diese Baumbesetzung die Öffentlichkeit aufmerksam zu machen, das kam nur schleppend in Gang: Handyanrufe bei Lokalsendern stießen auf Anrufbeantworter, ehe schließlich dann doch Flimsequenzen rundum stürzender Douglas-Zedern um die Welt gingen und auf die bedrohten Baumbestände in Nordkalifornien aufmerksam machten. Wer nicht den Kopf schüttelte, sympathisierte mit der todesmutigen Baumnärrin. Doch wollten all die Tausende Sympathisanten deshalb daheim unmöbliert hausen, nie wieder Zeitung lesen und auf Naseputzen verzichten?

Julias Struggle aber ging weiter. Nicht nur Pacific Lumber arbeitete gegen sie, auch die Natur, beschützt von Julia, machte ihr das Leben schwer: Wind peitschte ihr gesammeltes Regenwasser aus der Vertiefung und riß ihr – in Abständen – vier Mützen vom Kopf, praktisch für jede Himmelsrichtung eine; von unten kam solidarischer Mützennachschub. Materialerfahrung: daß nasse Baumwolle nicht wärmt. Neben diese klaren Fronten – mit Eskalationspotential! – trat eine dritte Front: »Earth First« plante die

Aktion abzubrechen, wegen steigender Risiken, Kosten und Winterprobleme; aber Julia wollte keinesfalls kapitulieren, draufbleiben, Luna retten. Geländewagen nahten, Stiernacken mit Rangabzeichen, nicht um sie vom Baum runterzuholen, sondern um Nachschub zu blockieren und sie auszuhungern. Verhaftungsdrohung, Ultimatum: 24 Stunden Nerventerror mit Wald- und Jagdhörnern, Flutlicht, Generatorgedröhn, Schimpfnamen. Gebete richtete sie, statt an Gott, an den »Großen kosmischen Geist«. Sicherheitsposten, die Nachtschichten schoben, ärgerten sich zunehmend, froren selber; zudem brauten sich Winterstürme zusammen. Sturm riß Äste ab. Durchnäßt und dauerverfroren fragte sich die moderne Säulenheilige oft, bei leeren Batterien, fehlendem Propangas, Schlaflosigkeit, Weinkrämpfen, Angst, wozu sie das alles erdulde. Reporter überredeten sie, hundert Tage obenzubleiben, zwecks medienwirksamer Rekordbrechung. Nach neun Monaten riefen Hebammen sie an, reingefallen auf Gerüchte, sie sei schwanger. Das müßte ein Redwood-Baby sein, scherzte sie. Erotischen Avancen seitens Waldgott Pan oder hormongeplagter Weltretter & Kahlschläger schien sie nicht ausgesetzt zu sein. Als die Wachmannschaften abzogen, litt die junge Frau derart an Einsamkeit, daß sie sich fast zu den ungehobelten Baumerntern bzw. Kahlschlägern zurücksehnte.

Auf Fotos sah sie inzwischen auch ziemlich – statt wettergegerbt – mitgenommen aus, lunatisch vergeistigt, christlich gesehn: eine todgeweihte, knapp noch telegen interviewbare Märtyrerin; heidnisch gesehn, ging sie langsam über in eine Dryade, neunzehn Lenze jung, eine Baumnymphe, des Namens Schmetterling, also Seele, also Baumseele, Waldgöttin (statt Blumenmädchen Baummädchen), Holzfräulein (im Sinne Sir Frazers und Wilhelm Mannhardts), Menschheitsparabel. Es grenzte an Hungerstreik, Isolationsfolter, wie bei Mahatma Gandhi. Ihr Leben wurde nur noch durch Unmengen von Klebeband zusammengehalten. In diesem Tiefpunkt kam eine radiophone Sturmwarnung – 120 km/Std! Butterfly kam in Versuchung, sich abzuseilen, aber das hätte Wortbruch bedeutet. Sie blieb oben, klammerte sich zwischen Seilen, die fast rissen, an einen Ast, und mußte sechszehn Stunden Sturm durchhalten, eine größere Anfechtung als alle Hubschrauberangriffe dieser Welt.

Nach hundert Tagen wurde alles leichter. Laufbedürfnis transformierte sich zu Kletterdrang. Sie schloß Freundschaft mit Bartflechten, Farnen, Blaubeeren, die in der Krone Lunas wohnten, kaum noch mit nüchterner Terminologie (à la Ökosystem) kompatibel. Ameisen, Spinnen, Mücken,

Zecken, die sie früher plattgemacht hatte, ließ sie jetzt leben, lenkte sie höchstens in eine andere Richtung. Einen Weberknecht, der ihr beim Telefonieren ins Gesicht krabbelte, setzte sie woandershin und wünschte ihm alles Gute. Tausendfüßler, Flughörnchen, Kolibris drängten naschhaft herbei, Finken, Zaunkönige, Fleckenkäuze, bis hin zu Kolkraben und Truthahngeiern. Ikonographische Querbezüge entstanden zu romantischen Gemälden mit Genoveva im Walde. Sie schrieb dort oben auch Gedankenlyrik à la »Noch immer stört Pacific Lumber / den Nachthimmel / mit seinem armseligen Versuch, / Ansprüche durchzusetzen.« Die Baumfrau und Vielgescholtene – crazy, ausgeflippt, linksextrem, terroristisch, idiotisch – stieg auf zum Medienstar, zur am meisten bewunderten Frau der USA, ja, der Welt. Die Veterans of Peace verliehen ihr ihren Preis für die mutige Verteidigung des Friedens. Als Pacific Lumber zusagte, den inzwischen weltberühmten Baum stehenzulassen, stieg Julia Butterfly Hill runter, nach genau 738 Tagen und Nächten im Stück. Luna versicherte ihr bei ihrer Abseilung, daß sie ihr im Herzen für immer wohnen bleiben würde. Religionshistorisch hatte die ›Jeanne d'Arc der Wälder‹ zwei Jahre sowohl in buddhistischer Anspruchs- und Hauslosigkeit wie mit Frau Armut als mittelalterlich eingemauerter Reklusin verbracht, genauer: als Benediktinernonne (weil diese sich nur selten waschen dürfen), simultan in Klosterzelle & Gefängniszelle. Daß sie inmitten einer Todeslandschaft gefällter Bäume einen einzelnen, der bald darauf gefällt wurde, zeitweise zu retten versuchte, paßte zur närrischen, aber irgendwie wahrheitsstrotzenden Talmudweisheit, daß, wer ein Leben rette, die ganze Welt rette. Darüber, daß auch für das Toilettenpapier, das Julia auf Luna verbrauchte, Bäume gefällt werden mußten, reflektierte sie nicht.

Im Jahr 2000 zeigte sich dann die Baumfee als Verantwortungsträgerin, im Buchtitel »The Legacy of Luna«, voll mit Psycho-Jargon, den üblichen Öko-Botschaften, Gutmensch-Schmus, Didaktik, Weisheiten wie der, daß echte Transformation nur geschehe, wenn wir uns ungestört der Selbstbetrachtung hingeben und uns unbeeinflußt von materiellen Begehrlichkeiten und scheinbaren gesellschaftlichen Zwängen mit unseren Abhängigkeiten und inneren Dämonen auseinandersetzen können. Sie wurde berühmter als alle, die sich gegen Castor-Transporte auf die Schienen legten, berühmter als der himalayische Gandhianer Sunderlal Bahuguna und seine grüne Chipko-Bewegung, aus der »Earth First« und sie überhaupt erst hervorwuchsen; auch berühmter als Elzéard Bouffier, der als

Julia Butterfly Hill: »Mein ganzes Leben lang werde ich alles in meiner Macht Stehende tun, um dieses Geschenk des Lebens, das uns alle verbindet, zu schützen und zu bewahren.«

Greis Millionen Baumbabys setzte, derweilen sie, als Teenie und Twen, Aufschub für den Tod einer Baumgreisin herausschlug. Baumbesetzer wie Nate Madsen, die die gleiche Protestleistung wie Julia Butterfly vollbrachten, wurden weniger als ein Hundertstel so berühmt wie sie. Denn als Mann reanimiert man nicht die Kollektiverinnerung an zitternde Baumelfen und blutende Bäume. 2002 wurde das beratende Vorstandsmitglied der »Organic Consumers Association«, die Gründerin von »Circle of Life Foundation«, Veganerin und Symbolfigur, inzwischen kurzhaarig, in Quito/Ecuador während einer Protestaktion gegen die Waldzerstörung von »Occidental Petroleum« beim Pipelinebau vorübergehend festgenommen. Auf ihrer Homepage informiert sie regelmäßig über laufende Aktivitäten und Aktionen. Auf ihrem T-Shirt zeigt der Butterfly die Farben und Sternchen der amerikanischen Flagge.

Worte von Julia Butterfly: Mein Herz und meine Gebete sind mit euch. – Die aggressive Bedrohung eines Menschenlebens hoch oben in der Luft ist eine üble Sache, besonders wenn es ums eigene Leben geht.

Julia Butterfly über sich selbst: Ich bin die ewige Optimistin. Doch sogar mir fiel es schwer, mir angesichts dessen, was ich durchzustehen hatte, meinen Optimismus zu bewahren. – So wie wir beim Tod eines Angehörigen oder Freundes einen Teil von uns selbst verlieren, so verlor ich mit jedem gefällten Baum einen Teil von mir selbst. – Ich ließ den Wind heulen und ließ meiner Verrücktheit ihren Lauf. Ich beugte mich und schlug mit den Armen um mich, wie die Bäume es im Wind tun. Ich heulte. Ich lachte. Ich keuchte und schrie und brüllte und raste, jauchzte, plapperte und schwatzte. – Mein gequälter Geist sehnt sich nach Erholung, einer Atempause, Trost, Einsamkeit. – Als ich in der Mutter aller Stürme fast gestorben wäre, starb auch meine Angst zu sterben. – Ich ließ mir von Luna sagen, wo meine Hand oder mein Fuß Halt finden würden. – Wenn ich koche, brauch ich Gewürze. Ich kann ungewürztes Essen nicht ausstehn. – Oben in Luna lebte ich auf dem bemerkenswertesten Rundfunkturm der Welt, der die wunderbarsten und mächtigsten Wahrheiten aus dem Universum empfängt und weiterleitet, und ich war auserwählt, auf diesem Funkturm am Mikrofon zu sein.

Andere über Julia Butterfly: Die ist nur in den Baum geklettert, weil sie noch nicht den richtigen Mann gefunden hat. (*Holzfäller der Firma Pacific Lumber/Maxxam, 1997/98*) – Ein Jahr in einem Baum bedeutet nicht zwangsläufig eine bessere Story als 6 Monate in einem Baum, und 2 oder 3 Jahre dort oben haben nicht mehr den geringsten Neuigkeitswert. (*Times-Standard, 1998*) – Wir lassen sie so lange dort oben sitzen, bis sie keine Lust mehr hat und herunterkommt. (*Mary Bullwinkel, Pressesprecherin von Pacific Lumber, 1998*)

Ich geh nur mit, wenn ich hierbleiben darf

Ziska Utzig – Zappeltussi, Tiernärrin, Stechmimose, Elfe, Patientin (geb. 1977)

Bereits mit drei erhob das Siebenmonatskind – jederzeit zu klein für ihr Alter –, als ihr irgendwas nicht paßte, aufbrausend einen Stein gegen ihr Elternhaus, zur Belustigung einer überforderten Alleinerziehenden des Namens Jutta, des Taxifahrers Botgül Ufuk und einer esoterisch ausgeflippten Oma, die ihrer quirligen, hypermotorischen Enkelin von frühauf x göttliche Flöhe ins Ohr setzte, in seltsam zerknautsche asymmetrische Segelohren. Mit fünf warf Franziska die Puppe eines ungeliebt zu beaufsichtigenden dreijährigen Nachbarskinds ins Klo und mußte dafür ihr geliebtes Kunststoffschneewittchen hergeben. Sie dressierte Wellensittiche und Hühner, kam aber in dieser Fakultät nicht äußerst weit. Ihren Troß aus Schmusetieren, Maskottchen, fiktiver und echter Partner und Viecher hatte sie auf Streifzügen oft dabei. Mit einem personifizierten Kaugummi namens Klumpi erlebte sie viel. Monatelang mischte sie die KW2 von Kassel auf (Kinderwerkstatt). Wurde sie gerügt, Teppichfransen abzuschneiden, klagte sie steinerweichend: »Nicht mal basteln darf man hier!« Bereits zehn Jahre vor Menstruationsbeginn hatte sie alle vier Wochen seltsamste Launen. Die Schule machte sie mit links, hatte in allen Fächern 1 plus, auch in Sport. Stärkere Lümmel, die die kleine, quicklebendige, quietschfidele, wieselflinke, hellwache, überwache Ziska zu verhauen versuchten, sahen plötzlich ihre Verwandlung in einen um sich beißenden Energieball, derart, daß ab da keiner sie mehr zu behelligen wagte. Ihre Fratzenschneiderei, wobei sie nicht nur 36, eher 77 Gesichtsmuskeln aktivierte, lebte von der Praxis des Zappens und Switchens. Ihr Lollistiel oder Softeisspachtel ragte erigiert aus bubblegumverzerrtem Mund. Ihre Plombenreißer hießen »Lutsch dich wund«, »schnelle Zunge« oder »Crash Test«. Ihre Frisuren wechselte sie häufig. Ihre Vasallen und Beisitzer bekamen ihre Peitschen zu spüren: Zöpfe, mit denen sie durch abrupte Kopfschwenks um sich schlug. Ihr Finger, zurückgebogen bis zur Armbanduhr, stieg einsam und blaß aus einem Schlangenknäuel aus Fingersalat hervor. Sie konnte schier aus ihrer Kniekehle hervorzwinkern – kein Wunder ihre Spitznamen: »Gummimensch«, »Zappelwittchen«; medizinisch hieß das Ehlers-Danlos-Syndrom, d.h. überstreckbare Gelenke. Wenn sie auf der Stelle stand, kippelte sie in einer Mixtur aus Hulahopp, Trampolin und Stehradtreten auf der Stelle, daß die Haare sprangen. Als ihr einer vorwarf, sie hätte ihm die Zunge rausgestreckt, verteidigte sie sich: »Die ist mir nur so aus Versehn rausgerutscht.« Bereits mit zwölf wollte sie superdringend ein Baby. »Du machst jetzt erstmal die Schule fertig!«

Bei zunehmendem Mond durchlief sie überdrehte Phasen, hechtete und flippte kiebig, knerbelig, nöcklig, nervös, rossig, schlaflos, höchst schwierig und therapieresistent in der Gegend herum, guckte alle 45 Sekunden auf die Uhr, bei Nervosität alle 20, einmal sogar nach 3 Sekunden schon wieder, bestellte in Kneipen dreimal um, Mammutportionen, die sie dann nicht aß. Bei Ermahnungen, vernünftig zu sein, hielt sie sich die Ohren zu oder sie drückte, wenn sie just keine Hand freihatte, ihr Ohr gegen die Rauhfasertapete. Ihr Affenzahn, um die Wette mit Muffensausen, legte Rekorde hin – enorm, also echt! Niemand konnte die angestochene Tarantel drosseln: »Hier mal 'n bißchen Schwung in die Bude bringen!« Nie schien sie aufs WC zu müssen, so schnell ging Sämtliches bei ihr. Wurden Fahrkarten wieder teurer, regte sie sich fürchterlich auf, als gäbs absolut nichts Schlimmeres, dabei fuhr sie nie mit der Bundesbahn. Dauernd schrie sie laut auf, natürlich fast immer wegen fast gar nichts – mikroskopisch, bagatellös! Irgendwo sah sie eine 19, folglich würde sie mit 19 sterben. Da hatte sie ja noch ein bißchen Zeit. Dissoziative Störungen liefen rasant mit Ideen- und Gedankenflucht um die Wette. Mutti Jutta organisierte und konferierte jahrelang rund um die Uhr zwecks Problemverkleinerung. Ärztinnen- und Therapeutenverschleiß erzielte einsame Höhen und trieb alle Beteiligten in den Wahnsinn fleißig wechselnder Diagnosen und Syndromatik: Cutis hyperelastica, orale Automatismen, ziellose Bewegungen, also Zupfen, Nesteln mit den Händen, Fußscharren. Crutch-Phänomen, Bruxismus, Leermastikation – Beruhigungspillen, Knirscher- und Aufbißschienen und Einweisungen in Normal-Psychiatrie und anthroposophische Kliniken nutzten wenig. Verdacht verdichtete sich: Marfan-Syndrom, Dämmerattacken, Temporallappenepilepsie, psychomotorische Epilepsie. Zwischenbilanz auf Deutsch: Ziska hatte Rosinen im Kopf, wenig Tassen im Schrank und obendrein einen Sprung in der Schüssel, wechselnde Ohrflöhe abgerechnet. Ständig war die Kacke am Dampfen, aber verblüffend oft kam sie zu Potte. Sie fuhr z.B. sagenhaft gern schwarz, wurde hierbei absichtlich erwischt und drehte sich immer raus, mal, indem sie absichtliches Nasenbluten losließ, oder indem sie den Kontrolleur so anstieß, daß er seinen Berechtigungsausweis fallenließ, den sie blitzschnell aufhob und 3 m weit fortwarf – er bückte sich runter – sie entwischte schwuppdiwupp.

Bei zunehmendem Mond wurde sie ein anderer Mensch: schlafsüchtig, schweigsam, träge, passiv, schmuserig, sanft – über ihrem Baldachin-Hochbett hing ein Schmetterling aus Vogelfedern. Vorher Quasselstrippe, Spottdrossel, Wespe und Hornisse, jetzt Faultier und Koala und Nasenbär, vorher Schnepfe, jetzt Schnecke, vorher spillerig und zackig, jetzt wurde sie fast pummelig und seltsam schön oder sagen wir mal: ausdrucksvoll – in beiden Phasen allerdings gleichbleibend hypersensitiv, naschsüchtig und tiernärrisch. Als Stechmimose beeindruckte sie nichts, fand sie alles zum Gähnen und Abkacken langweilig – als feinstoffliche Luftgängerin leuchtete sie freudevoll bis überselig an winzigsten Kinkerlitzchen unsäglich auf – unterm Himmelsgewölbe rief sie: »Hilfe, ich fall hoch!« Aber wenn man sie nicht gewaltsam weckte, konnte sie merkwürdig überlange schlafen. Da sie übliche Weckautomaten absolut nicht hörte, sondern nur ein bestimmtes Händyklingeln, war sie nur mit diesem überhaupt jemals wachzukriegen. Das Display ihrer x Händys – oder ihrer SMS-Gameboys – putzte sie mit klitzekleinen Teddybärlein.

Wenn die Tiernärrin mal fünf Tage keine Katze hatte, mußte sie einfach in den Zoo oder Afrikafilme gucken. Sie brauchte Tiere: »Egal, was für eins, es könnt 'n Schwein sein, Hauptsache ein Tier! Die haben so was Pfotiges und Pelziges.« Stammgast im Kleintierzoo Rammelsberg in Kassel-Wilhelmshöhe, und in der Wau Mau Insel, auch auf anderen Gnadenhöfen und Landkommunen; sie rettete oft schwierige Tiere. Spaß, Föz und Gaudi fand sie daran, sich abendfüllend mit ihrer Stoffschlange pantomimisch und augenverdreht ächzend zu erwürgen. Echte Mäuse stiegen in ihren Ärmeln rauf und runter und schnupperten aus ihrem Kragen hervor. Auch ungefütterte Tiere drängten sich an sie. Als Zappeltussi und Megäre fraß Ziska ihren Katzen die rohe Leber weg, als herumhängendes Naschkätzchen wurde sie Fruktuanerin und verschonte sogar Gummibärchen, Osterhasen, selbst herz- und sternförmige Weihnachtsplätzchen. Wegen ihrer verstorbenen Katze ging sie zwei Wochen nicht aus dem Bett. Nunmehr diagnostizierten ihre Ärzte, sofern diese Ziskas rasantes Doctorhopping überlebten, ganz andere Sachen: Antriebsschwäche, Entschlußunfähigkeit, Selbstblockaden, Indolenz, Lethargie, Apathie, Phlegma, Inappetenz (= fehlendes Verlangen), Abulia (= fehlender Willensantrieb), wenn nicht gar: Apraxie (= Handlungsunfähigkeit). Sie weinte in der Badewanne über die Schlechtigkeit der Welt – um Taschentücher zu sparen. Seltsame philosophische Fragestellungen beschäftigten ihren Geist: »Zählen Mäuse auch zu den Haustieren?« »Kriegen Engel eigentlich Enkel?« »Können Schlangen Bandwürmer haben?« »Was geschieht eigentlich, wenn zwei Chamäleons gleichzeitig ihre Zungen rausschießen, eins von links, eins von rechts – kleben die dann zusammen?« »Haben auch Musen Mösen?« In Fußgängerzonen ging sie extra so langsam, daß Lieferwagen und Taxis anhalten mußten. Senioren, die nach dem Weg zum Renthof fragten, also zum Altersheim, schickte sie zur Fuldabrücke, genauer: zum »Haus der Jugend«.

Bei Neumond fuhr dann wieder Hektik in sie, hochtourige Aufgeregtheit – alles im vierzehntägigen Wechsel, wobei die wechselnden Persönlichkeiten sich aber oft gar nicht so eindeutig an den scheinbaren Terminplan hielten, sondern auch schneller ineinander umkippen konnten. Sie rannte nicht nur bei Rot über den Zebrastreifen (das wär ja noch gegangen), sondern sie blieb bei Grün, wenn alle losgingen, mit demütig niedergeschlagenen Augen am Straßenrand stehn und – wartete auf bessere Zeiten. In Kneipen handelte sie beredet die Rechnung runter, als gälte es das Leben, und gab dann ein Riesentrinkgeld. Manchmal verschwand sie von Partys, wurde überall gesucht, auf Fensterbrettern im 5. Stock vermutet und gesucht, Polizei herbeitelefoniert, dann aber lag sie bloß selig verzückt in der Natur herum, z.B. auf der Dönche (in Kassel). Sie ging durch eine Einbahnstraße: »Wenn ich genau auf das Auto zulaufe – ob 's dann bremst?« Öfters rückte der Notdienst an, wegen himmelschreiender tödlicher Symptome, die sich in Wohlgefallen auflösten. Sie redete mit ihrer verstorbenen Katze. Sie löcherte ihr Frettchen Freddy, ob es an Gott glaube, doch es kam keine Antwort. Beim Anblick entfernter Landschaft verdrehte sie überkandidelt die Augen: »Tolle Natur macht da rum!« Für schöne Wolken konnte sie sich total wegschmeißen: »Das hat ja Gott wieder mal sehr dekorativ hingekriegt!« Oft hatte sie eine gelbe Nasenspitze – vom Blumenriechen. Mit acht fuhr sie alleine heimlich mit dem Zug in andere Städte, stieg irgendwo aus, wanderte durch fremde Wälder und kam erst abends zurück. Im Wald kannte und fand sie sämtliche Pilzarten, leuchtete bei jedem Fund orgastisch auf, lag auch mal nackt auf Waldlichtungen herum, erntete – zwecks ultimativer Steigerungen? – Steinpilze nackt. Ohnedies verzeichneten die Krankenakten asthenischen Habitus, schlanken Hochwuchs, grazile Extremitäten, Trichterbrust, Kyphose, Skoliose, gotischen Gaumen, schlechten Zahnschluß, Anlage- und Stellungsanomalie der Zähne (Zahnspangen verweigerte sie), zudem Heuschnupfen, Allergien, zeitweise Neurodermitis, Einschlafmyoklonie, PLS (Periodic leg movement in sleep), Zwangswitzeln. (Geimpft wurde sie fünfmal.)

Im Frühling – egal, was sie anhatte – wurde sie von Schmetterlingswolken verfolgt, im Sommer von Schnaken und Moskitos. Sie pflog Umgang mit Falter Walter, einem Tagpfauenauge, das auf Zuruf geflogen kam. Ihr Heimplatz oder ihre Studentinnenbude (HBK Kassel) lag stets in eine Zwitscherwolke gehüllt, da sie Spatzen fütterte und Grünspechte usw. anlockte. Ein böser Opa, der sie beim Taubenfüttern am Rathaus anherrschte: »Steck sofort dein Brötchen ein!«, antwortete sie: »Das ist nicht MEIN Brötchen! Das ist geklaut!«

Wer aus ihrer Verehrerwolke nicht Reißaus nahm, spürte den rätselhaften Drang, sie anzugucken, sie anzufassen, an ihrer Frisur oder an ihr zu riechen. Sie wollt ab und zu nur mal 'n bißchen ihre Phantasien befriedigen, also laut Selbstaussage Tiere irritieren, Robben foppen, Hummeln befummeln, Elche melken, Knubbel rubbeln, Eier feiern und nicht zuletzt Zwerge ärgern, Pimpfe pimpern, Elfen kneifen und Nixen wixen. Egal, welches Thema aufkam; sie brauchte bloß zwei, drei Sekunden, um es sexuell aufzuladen. Kein Positives, das nicht in Popositives mutierte. Sprach einer von ablenken, verstand sie ablecken. Ging's um Ponys, verstand sie Penis. Aus Sperrmüll hörte sie Sperma heraus. Konnte jemand nicht »verlieren«, machte sie »fellieren« draus, und aus Linguistik – Cunnilingus. Betrat sie eine Wohnung, riß sie ganz gern so viel Schranktüren auf wie möglich. Bei einem drögen Fuzzi quartierte sie sich ein und blieb da einfach. Als der Typ sie loswerden wollte, sprang sie ihm mit dem Po ins Gesicht und sie wurden ein Paar – nicht lange. Er warf sie trotzdem bald raus, da kam sie hinten wieder rein. Manch eine kecke Null wagte sie urplötzlich mit Zungenküssen zu überfallen, obwohl keiner ganz sicher sein konnte, wie schön sie wirklich aussah. Ihre physiognomische Anatomie verdampfte in ihrer Ausstrahlung. Ihr Gesicht ließ konträrste Deutungen zu; mal schien etwas bäuerlich Knolliges vorzuwalten, dann wieder edelbleiche Edelgazellen-Noblesse und lunatische Exotik zu überwiegen. Fotoapparate vermochten von ihren hundert Gesichtern nur drei bis vier weniger herrliche einzufangen. Selbst mit Gipsbein behielt ihr Gang seine Anmut. Bei jeder Ungelegenheit erzählte sie von ihren Schnuckis und ihren acht Brüdern. Viele davon fand sie total niedlich, voll knuffelig und vieles mehr, doch eigentlich hatte sie keinen einzigen davon. Gern zog sie über ihre Lover her:

»Den einen hab ich vorige Woche sausen lassen, den andern heut.« Sie konnt gar nicht nachvollziehn, daß man Maß halten könnte, mit jedem, den man nett fand, sofort in die Kiste zu springen. »Aber der ist doch so süüüß!« Selbst Nußknacker und Dumpfbacken fand sie merkwürdig akzeptabel und okay. Arschlöcher profitierten enorm. Ihre Beglückbarkeit erwies sich als fast so grenzenlos wie die Gutherzigkeit innerhalb ihrer sanften Phasen. Kaum hatte ihr ihre Ersatzmutter Dagmar Markus angedeutet, daß es nicht schlecht wär, sich mit einer gewissen Auswahl zu begnügen, begannen Schüler, Studenten und Bergsteiger, die sich reihenweise in sie verliebten, ihr nicht länger zu genügen. Wenn sie irgendwelche Boys unsittlich berührte, fügte sie hinzu: »Denk ja nicht, das hätte was mit dir zu tun.« In der Disco tanzte sie aufreizend spastisch, bis alle Instant-Lover brühheiß aufgegeilt sie umzuckten, die sie dann aber deren nutzlosen Erektionen überließ und die Dussels stehenließ. Sie bestellte auch mal drei, vier Anwärter auf ein heißes Date, als Bausteine einer filmreifen Gesamtkomposition. Ohne Musikberieselung und Videoclips konnte sie nicht einschlafen; selbst beim Sex durfte keinesfalls der Gerätepark absaufen, sonst lief gar nichts. Nur sich selbst beim Stöhnen zuzuhören, törnte sie nicht an. Sie baumelte schlummernd an ihren Kopfhörern, um permanent die Birne vibrieren zu fühlen. Ihre federleichte Gangart mit sinnlosen Zwischensprüngen ging in Tanz und Veitstanz über. Bisweilen behauptete sie, nur anderthalb Macker gehabt zu haben.

Jahrelang schlich sie sich, im Bund mit einem bebrillten Eintrittskartenabreißer des Lichtspielhauses BAMBI kostenlos in sämtliche Filme. Dann – ein dicklich weichlicher Zivi im Jugendheim Bad Hersfeld, der Obersoftie Bodo, fünf Jahre älter als sie, als er sie fragte: »Liebst du die Natur?«, pflaumte sie ihn an: »Jawohl, du Wixer, ich geb ihr jeden Tag 'n Kuß!« Dann aber steckte sie merkwürdig oft mit ihm zusammen, vermutlich rein platonisch, plusminus. Dieser Bodo wirkte eigentümlich als Panazee auf sie, effektiver als Stimmungsaufheller und Neuroleptica; er verlängerte und verstärkte ihre sanften, zurechnungsfähigen Mondphasen und normalisierte und stabilisierte das labile Mädel dadurch angenehm und subkutan und zeitweise sogar dauerhaft. Bodo führte sie sogar von ihren Hits (Nicole: »Ein bißchen Frieden«, Reinald Grebe) hinauf zu Streichquartetten und Mozart. Das komische Duo wollt unbedingt armen Geschöpfen helfen, wenn nicht gar die Welt retten; sie fragten bei Caritas, Heilsarmee, Rotem Kreuz, Arbeitsamt nach Möglichkeiten und bekamen Rollstuhlleute und Behinderte anvertraut, denen sie dann viel Liebes und Gutes taten – ehe dann wieder die esoterische Oma ins sensible Wespennest stach und ihrer abgöttisch geliebten Ziska indische Hummeln ins Hirn setzte und ihr eine Weltreise spendierte, zu transpersonalen Kongressen in Bombay, in Ashrams und Luxushotels.

Aus Indien kam Ziska als Yuppiebraut zurück, als aufgetakelte, unsagbar charmante, parkettsichere Gesellschafterin, fuhr riesige Toyotas, gern mit offenem Deck, 260 Stundenkilometer, die Sonnenbrille auf der Stirn, behängt mit Gold und Silber, speiste Hähnchen, zerlegte Forellen, parlierte in Venedig fließend italienisch, in Avignon französisch, in Tübingen schwäbisch, in Moskau russisch. Eine Vision auseinanderspringend sich auflösender Sterne erwies sich nachträglich als die Todesminute ihres Bruders (Autounfall). Plötzlich aber brannte sie ihrem Vermögensberater und Schickimicki-Lover Yussuf mit einer Lesbierin durch und entlief dieser dann mit dem verrückten Alternativfreak Uli Soundso, der sie auch mal aus der Klapse entführte, und diesem dann wieder entzog sie sich durch Rückgriff auf ihren Ur-Freund Bodo, lebte dann als gärtnernde Selbstversorgerin, Vegetarierin und Sozialfall. In Würmelwig tauchte sie tief ins Leben auf dem Lande ein und philosophierte ergötzlich mit dem dicken Bauern Otto Koch über Atomkrieg und Schweinezucht. In ihrem Garten kannte sie nicht nur sämtliche Pflanzen mit lateinischen Namen, sondern verfolgte das Schicksal absolut jeden Hälmchens von Tag zu Tag. Vorübergehend christlicher Anwandlungen wegen erbat sie eine Audienz bei einem Bischof zu Fulda. Plötzlich wiederum stellte die ewige Kunststudentin in Raiffeisenkassen und im Anthroposophischen Zentrum Mannheim Aquarelle aus.

Keiner Gesellschaftsklasse dauerhaft zuzuordnen, lag nichts ihr völlig fern, außer sozialer Hochmut. Mit Leuten, die in der Wellpappebranche tätig waren, sprach sie ebenso kompetent und zugetan über Teerpappeverarbeitung wie mit Dedokaphonikern über flautando- oder Oberton-Techniken. Kernphysiker hielten sie für eine Koryphäe auf deren Gebiet. Bei Normalos wurde sie ganz normal. Dann schimpfte sie so normalformatig wie möglich über Benzinpreiserhöhungen oder reflektierte Mülltrennungsprobleme. Mit Kleinstädtern traf sie sich regelmäßig zum Rommé-spiel. An schlechten Spielfilmen blieb sie fast genauso begeisterbar kleben wie an besseren Filmen. Bei TV-Sendungen lebte sie ungeheuer mit. Ihre pubertären Eruptionen hatte sie fast ganz abgelegt; alle Menschen kannten sie als überfließend freundliche, sanfte, mitfühlende, seelenvoll leuchtende Persönlichkeit. Sie polarisierte keineswegs die Gemüter. In der Praxis manch eines Haus- und Hautarztes erschien sie als Lichtblick – zudem seltsam alterslos, dauerhaft mädchenhaft. Nie schien sie mißlaunig zu sein. Schlimmstenfalls fand man sie »sehr nett«. Sie dachte von allen Menschen gut. Auch zu jedem, der sie nervte, war sie derart lieb, daß absolut jeder die Evidenz fühlte, sie liebe speziell ihn, vor allem ihn. Schüchterne tauten bei ihr auf; milieugeschädigte, vierjährige Tyrannen wurden bei ihr erträglich und ansprechbar. Babys, Schizophrene und Katzen krabbelten, telefonierten und schlichen ihr eifrig hinterher. Konträrste Charaktere schwärmten von ihr, rühmten sie über alles, luden sie ein, vom Clochard, Sanyassin, Asylant, Mitpatientin und WDR-Redakteur. Einzig ein kritischer Gitarrenlehrer nannte sie mal hintenrum »affektiert«. Bei Sexmuffeln erlosch ihr Sexus; bei Sexmolchen wurde sie nymphoman. Allzu vertrauensvoll ließ sie sich von einem betrunkenen Zahnarzt x gesunde Zähne ziehen. Manchmal wünschte sie sich arrogant zu sein, aber es gelang ihr nur, wenn sie in die zapplige Persönlichkeit zurückfiel.

Dank ihres unglaublich flinken, luzide strukturierten Geistes wußte sie morgens sämtliche Träume. Mit Schachprofis spielte sie ohne Figuren und Brett Schach, einfach nur via aufgesagter Nummern. Intuition ging in Medialität über. Lügen durchschaute sie, bevor sie hervorkrochen.

Kam sie in einen Buchladen, setzte sie sich – je nach Mondphase – mit einem erstbesten Buch in eine Ecke und guckte kein weiteres mehr an. Manchmal konnte Andeutungen indirekt entnommen werden, daß sie an irgendeiner schweren Bürde trage. Unterhalb jeglichen Existenzminimums lebend, legte sie dennoch abgewracktesten Bettelmusikanten in der Königsstraße von Kassel relativ hohe Geldwerte in den Hut. Sie konnte stundenlang mit Kapuzenanorak und Colaflasche im Dauerregen ihres japanisch inspirierten Dschungelgartens stehn, vermutlich in einem mehr oder minder pantheistischen Zustand. Bei lampenfieberlosen Reden vor Publikum schien sie manchmal eine madonnenhafte Aura zu verbreiten, oder Flair, um alsbald wieder mit einem Hippiekleidchen, Freizeit-Knickerbocker oder einem modisch signalroten Stewardessen- oder Hausfrauenrock von 1964 und Stöckelschuhen aufzutreten.

Sie flippte herum als intelligentes Chamäleon, als weiblicher Proteus, als vielköpfiger Januskopf. Sie schien alle Syndrompaletten originell zu verquicken und zu vermanschen, von Tourettismus bis Kleptomanie und Mythomania, von Halluzinose bis Paranoia, von anorektisch bis Borderline.

Sie changierte und vibrierte zwischen buntem Hund und Paradiesvogel. Sie zuckte herum als potenzierte Holly Golightly und Nadja und hatte mehr vom Meretlein als von Lolita.

Worte von Ziska Utzig: Das spielt eine große Wichtigkeit. – Nachts ist es kälter als draußen. – Es dauert heute etwas später. – Dann hab ich mich halt angeheitert. – Ausgerechnet, wenn man sich verliebt, muß man Salami kaufen. – Jetzt bin ich endgültig verloren, dachte ich hoffnungslos. – Wärst du lieber tot oder doof? – Das kann nicht sein, daß du es immer noch schlimmer machst, wenn ich sage: »Machs nicht noch schlimmer!« – Erst wird gesegelt, dann wird gesägt. – Dann weißt du nicht mehr, wer du heißt. – Bei Gelegenheit werd ich mich wieder beruhigen – versprochen. – Das ist finanziell ziemlich teuer geworden. – Meine Lieblingshunde sind Hunde. – Das ist ein gradueller Wesensunterschied! – Das ist ja kaum für unglaublich zu halten. – Zunächst hielt ich mich ein wenig zurück und beobachtete nur die Kommunikation. – Heut fressen wir wieder Nazigöring (d.h. Nasigoreng) und hinterher »Matsch am Paddel« (d.h. Eis am Stiel). – Wenn ich nicht so down wär, müßt ich jetzt lachen. – Das schmeckt gesünder als Marzipan! – Sei nicht so humorlos, sonst töt dich dich. – Am liebsten könnt ich ständig mein Nachthemd entblößen. – Jeder Mensch hat'ne Intimzone. – Willst du mich verarzten – oder verarschen? – Der hat Hummeln unterm Pimmel. – Erst Hände falten, dann Falten spalten. – Nimm deine verfickten Wixgriffel von meiner Anatomie! – Er hat mich mit seiner Zunge geküßt. Haun wir ab, bevor ein Porno draus wird! – Dann hamm wir'n bißchen zusammen harmoniert. – Ich hatte mal'n Macker, der schwabbelte auf mir rum wie'n Götterpudding. – Tischlein deck dich, Decklein tisch dich! Fischlein, leck dich, Decklein, fick dich! – Das sah mir mal wieder ziemlich identisch. – Die meisten Ärsche haben natürlich keine Ahnung von ihrem Penis! – So, mein Redeschwall läßt grad für ein paar Sekunden nach – jetzt hast du die Chance, mir auch was zu erzählen – was, dir fällt nichts ein? Hab ich mir gleich gedacht. – Es wird was passieren, ich weiß nur nicht was. – So schöne Sterne sind da, und du hast Kopfweh. – Sobald du deine Augen zumachst, wird's für 6 Milliarden Leute dunkel. – Hast du Nina Hagen auch schon persönlich getroffen? – Das hab ich erst später gemerkt, daß das vorher meine Absicht war. – Wie teuer ist eigentlich Geld? – Wie riecht eigentlich eine Nase? – Das soll so bald wie möglich nie wieder vorkommen! – Die kaputtesten Visagen fressen das gesündeste Zeug! – Wenn das nicht total egal wär, wär das hochinteressant ... eigentlich. – Da hab ich im Wald die biologischen Gesetze beobachtet. – Dem Köter hing'ne Riesenmortadella aus dem Maul. – Überall laufen mutierte Tiere. – Therapeutisier mich nicht immer so. – Das hab ich von meiner total verrückten Oma. Hast du auch 'ne total verrückte Oma? – Falter Walter war der beste Schmetterling, der je zu mir gehörte! So war Falter Walter! – Er hat sie geheiratet, aber er will sie für sich behalten. – Menschen regen mich auf, Tiere beruhigen mich. – Danach hab ich dann meine Melancholie verdoppelt. Dann hatte ich jede Menge Trauerarbeit zu verarbeiten. – Nach dem Tod kann man sich nicht mehr unterhalten.

Ziska Utzig über sich selbst: Ich geh nur mit, wenn ich hierbleiben darf. – Ich will mehr, als mir genügt. – Ich lache gern, bevor ich Schmerzen krieg. – Ich bin sehr glücklich, aber es geht mir nicht gut. – Ich fühl mich oft so abwechslungsreich. – Ich bin außerstande, Schätzchen, jetzt mit irgendwem Verabredungen zu treffen. – Ich hab 'ne große Nase, also riech ich zwangsläufig mehr als andere Leute. – Ich hab das Risiko eingegangen. – Ich glaub, mit mir is was kaputt. – Meine Oma versteht nichts von Kunst. – Das hat mich fast kaum berührt. – Ich hab unter Wasser die Augen aufgemacht, aber Tiere hab ich keine gesehn. – Ich mach lieber mit Heuschnupfen rum als mit Bulimie. – Ich war dann so richtig schön tolerant zu dir. – Ich produziere ständig auf Knopfdruck merkwürdige Fremdkörpergefühle. – Ich sag dir, es gibt Momente, da bin ich zu allem bereit. – Ich kotz so ungern. – Ich hab in der Zeitung gelesen: »Jörg ist ein Arschloch!« – Ich glaub an Zwerge und buddle fast nie so'n Loch, ich denk, ich zerstör die Welt von denen. – Ich kann barfuß über Scherben gehn! Bevor das Glas merkt, daß ich drauf geh, bin ich schon drüber weg. – Ich hab sehr vielseitige Hobbys. – Ich brauch weder Nahrung noch Essen. – Mein Eindruck war ein sehr unterschiedlicher. – Meine Oma wohnt in Berlin. Mein Opa wohnt in Husum. Mein Vater ist ein Hindu. Meine Mutter wohnt im Grab. – Dann war ich mal wieder über beide Ohren verblödet. – Es gibt in meinem Privatleben jede Menge problems ... natürlich rein privater Natur. – Ich sag den Typen gleich: Wenn ich mit dir keinen Orgasmus kriege, dann kannst du gleich die Mücke machen! – Und so fremd ich mir bin, ich seh mir verdammt ähnlich. – Es ist völlig zwecklos, mich zu belügen. Einerseits glaub ich alles, aber andererseits spür ich unfehlbar, wenn einer lügt. – Ich kann gern deinem Wunsch gehorchen. – Ich bin so sympathisch zu dir – aber du nie zu mir. – Ich müßte mal wieder dringend heiraten, sonst platz ich! – Wenn ich drei Tage kein Sex hab, dreh ich durch. – Ich kann jeden weinen sehn, nur dich nicht. – Verfickte Scheiße – ich hab heut noch nix getötet! – Obwohl ich oft aufs Klo muß, bin ich trotzdem so 'ne Art Gottheit. – Wenn ich mal tot bin, werd ich den Tod überlisten! – Hiermit sage ich unfehlbar voraus, daß ich eines Tages vielleicht Prophetin werden könnte! – Jetzt muß ich Selbstmord machen, und zwar sofort! Ich hör nur noch schnell die Musik zu Ende. – Ich weiß gar nicht, was ich da rede.

Andere über Ziska Utzig: Sie macht sich nie schmutzig, obwohl sie gern mit Matsch u.ä. spielt. Sie fällt nie hin, und wenn, dann tut es ihr nicht weh. F. ist Kindern, die körperlich viel stärker sind, überlegen, weil sie jedem Zugriff entwischt und sich aus jeder Umklammerung freimacht. (Kinderhort-Arbeitsbericht einer Sechswochenpraktikantin) – Sie scheint sich wenig umzugucken, dennoch weiß sie über alles Bescheid, als hätte sie alles lange beobachtet. (...) F. besucht neben dem Kindergarten noch eine Malschule und einen Musikkurs. (...) Besonders schnell werden Schnürsenkel zugeknotet (Die Knoten sehen zwar seltsam aus, halten aber lange. (...) Sie rühmt sich, sie könne auf Kommando einschlafen und kann es auch. (Auszüge aus Dagmar Markus, E I c, Beobachtungsbericht über ein KW 2-Kind anhand der in »Psychologie« erarbeiteten Kriterien, Abgabetermin: 1.3.1991) – Sie weilt immer so in anderen Welten. (*Melanie Metz, Kinderheiminsassin*) – Ziska bedeutet mir mehr als all die flüchtigen sexuellen Bekanntschaften, die ich auch nicht habe. (*Irgendein Harry Soundso*) – Sie hat ein sehr lustiges Gesicht. (*Regisseuse aus F/M, die ungenannt bleiben möchte*)

Ziska Utzig mit ihrem Beschützer Otto Koch

Inhalt

Abbildungsverzeichnis

Genoveva von Brabant – Ölgemälde von Ludwig Richter

Reklamebild von 2008 mit aktuellen anonymen Närrinnen heutiger Alltagswelt

Hipparchia von Maroneia – keiner weiß, wie sie aussah; nachträglich aber entstanden Abbildungen, die aber eher nach antikisierendem Rokoko aussahen als nach echter Antike.

Rabi'a al-Adawiya – eine nachträgliche orientalische Darstellung, die das islamische Bilderverbot gern umgeht

Nangsa Obum – eine der vielen typischen tibeto-buddhistischen Genre-Darstellungen

Hildegard von Bingen – eine bekannte historische Darstellung

Mirabai von Jodhpur – eine typische indische Miniatur der romantisierten Maharadschazeit

Marquise d'Urfé – eine zeittypische Darstellung mit mythologischem Flair; vielleicht könnten Casanovaexper ten für spätere Auflagen noch ein authentischeres Bild hervorgraben

Emerentia/Meretlein – Ölbild von 1623, 56,7 x 55,8 cm, aufbewahrt in der Zentralbibliothek Zürich, Bildnis eines unbekannten Kindes; hiernach formte Gottfried Keller sein Kapitel im »Grünen Heinrich« über das kleine Meretlein.

Anna Katharina Emmerich, die Seherin von Dülmen – ihr bekanntestes Bild

Helena Petrowna Blavatsky – zeitgenössische Photographie, hinterlegt mit buddhistischem Götterpantheon

Camille Claudel – Photographien aus verschiedenen Lebensstadien zueinandergefügt

Lotte Hattemer – ein authentisches Photo ist nicht vorhanden; Monte-Verità-Experte Hermann Müller ist sich sicher, daß es sich bei dieser namenlosen Frau mit großer Wahrscheinlichkeit um Lotte Hattemer handeln könnte. Recherchen, die in Stettin nach Nachfahren namens Hattemer fahnden, könnten es vielleicht verifizieren.

Elsa von Stritzky – hier erstmals publizierte Photographie von 1912: Elsa übt mit Kindern zum 70. Geburtstag von Christian Stritzky Haydn ein. Die zweite Photographie von Elsa von Stritzky stammt aus dem Jahre 1916; beide Bilder freundlich zur Verfügung gestellt von Martin Korol, Bremen

Nadja – die vermutlich authentische Photographie von ihr zusammenmontiert mit ihrem Verewiger André Breton

Blanche DuBois – hier gespielt von der amerikanischen Schauspielerin Vivien Leigh, 1955

Annemarie Schimmel – Foto aus den 1950er Jahren, hinterlegt mit passenden Motiven aus ihrem Leben

Holly Golightly – Audrey Hepburn als »Holly Golightly«, akg-images GmbH, Berlin/Paramount pictures/Album

Elisabeth Kübler-Ross – Bildkomposition aus motivisch-thematischen Elementen

Uriella – Pressefoto freundlich zur Verfügung gestellt von »Fiat Lux«

Betty Dodson – Bildkomposition aus motivisch-thematischen Elementen

Pippi Langstrumpf – Inger Nilsson als »Pippi Langstrumpf«, akg-images GmbH, Berlin

Petra Kelly – Bildkomposition aus motivisch-thematischen Elementen

Luisa Francia – Foto aus ihrem Buch »Mond. Tanz. Magie«, Verlag Frauenoffensive, München 1986

Nina Hagen – Bildkomposition aus motivisch-thematischen, einschlägig hinduistischen Elementen

Jasmuheen – Pressefoto freundlich zur Verfügung gestellt von Konrad und Karin Halbig / Koha Verlag

Julia Butterfly Hill – publiziertes Buch-Cover der Autorin

Ziska Utzig – Privatfoto von 1990 aus dem Archiv des Autors